서울, 밴쿠버,
그리고 제주,
중심과 경계에서 본
대한민국

서울, 밴쿠버,
그리고 제주,
중심과 경계에서 본
대한민국

지은이_ 김영규 | 펴낸이_ 김혜정 | 기획위원_ 김건주 | 마케팅_ 윤여근, 정은희
디자인_ 한영애 | 제작_ 조정규 | 2019년 1월 17일 초판 1쇄 발행

펴낸곳_ 도서출판 CUP | 등록번호_ 제2017-000056호(2001.06.21.)
(04549) 서울특별시 중구 을지로 148, 8층 803호(을지로3가, 드림오피스타운)
T.(02)745-7231 F.(02)6455-3114 | 이메일_ cupmanse@gmail.com
www.cupbooks.com

ISBN 978-89-88042-94-6 03230   Printed in Korea
* 파손된 책은 구입하신 서점에서 교환해 드리며 책값은 뒤표지에 있습니다.

서울, 밴쿠버,
그리고 제주,
중심과 경계에서 본
대한민국

김영규 지음

경계의 땅 제주에 정착한
기자 출신 목회자의 통찰력 있는 메시지!

CUP

글은 글쓴이를 닮아야 한다. 아니 닮을 수밖에 없다. 글쓴이를 닮지 않은 글은 공허한 껍질에 불과할 때가 많다. 알맹이가 꽉 들어찬 글을 읽을 때 우리는 비로소 세상을 새롭게 읽는다. 글쓴이를 통과한 세상은, 우리가 만나는 일상의 세상을 반성하게 하는 세상이다.

글과 글쓴이가 만들어내는 이치가 이러하다. 글쓴이가 걸어온 삶의 여정은 글에 생명을 부여하는 통로다. 삶의 여정에서 이탈한 글은 속이 빈 글, 흔히 허구라 불리는 껍데기만 있는 글이다.

김영규는 대한민국의 중심과 경계 양쪽에서 살아온 작가다. 오랫동안 글을 쓰며 살아온 그이기에 작가라 불리는 것이 당연하다. 그의 글에는 그의 독특한 삶의 이력이 녹아있다. 중심을 알고 경계에서 살았기에 쓸 수 있는 글이다. 서울, 밴쿠버, 제주란 공간에서 살아왔기에 쓸 수 있는 글. 겉은 친근한 이웃처럼 익숙하지만 속은 낯섦으로 채워진 글, 그래서 읽는 이가 새로운 눈으로 세상을 읽게 하는 글, 이것이 김영규의 글이 가진 특징이다. 그래서 그의 짧은 글들을 엮어 책으로 출간하기로 했다.

지금 우리는 남과 북, 동과 서, 이런저런 까닭으로 하나가 되지 못하는 세상에서 살고 있다. 오랫동안 지속되어온 익숙한 세상이다. 슬프게도 우리가 만나고 있는 세상은 비정상적이다. 익숙하다고 해서 정상은 아니다. 더 늦기 전에 변화가 필요하다. 변화는 반성에서 시작된다.

반성을 결여한 변화는 찰나의 유행으로 끝난다. 다프지만 통렬한 반성이 있어야 진짜 변화가 시작된다. 이 책에 실린 짧은 글들이 반성의 단초가 될 것이라 확신한다.

숨어있던 글과 글쓴이를 찾아내 세상과 연결하는 것이 기획자의 책무이자 특권이다. 지금까지보다 앞으로가 더 기대가 되는 글과 글쓴이를 만났을 때 기획자는 최고의 기쁨을 경험한다. 이번에 경험한 기쁨이 계속 이어지길 바랄 뿐이다.

오랫동안 책을 만들어왔지만, 이런 글을 쓰기는 처음이다. '기획자의 변'이라. 참 고약한 주문이었다. 이런 일이 반복되지 않기를 간절히 기원한다.

김건주 | CUP 기획위원, 작가, 목사

바닷물의 염도는 3.5% 정도에 불과하다고 한다. 물 1kg에 35g 정도의 소금, 극히 미량이 들어있을 뿐이다. 어둠 속에서 담뱃불은 십리 밖에서도 보이고 등대불은 40~50킬로미터 밖에서도 관측된다고 한다. 성경은 성도들에게 빛과 소금이 되라고 했다. 우리나라 인구의 20% 가량이 기독교인이다. 그런데도 물은 짜지 않고 불빛은 여전히 어둠 속에 묻혀 있다. 캄캄한 세상은 냄새를 풍기며 썩어가고 있다. 교회가 부족한 것도 아니고 성도들이 적은 것도 아니다. 세계에서 손꼽히는 대형교회들이 즐비하고 훌륭한 교계 지도자, 학자들도 많으며 매년 수천 명의 목사가 배출된다. 사회 지도층이나 상류층으로 갈수록 기독교인 비중은 훨씬 높아진다. 역대 정부의 장차관급 이상 인사들 가운데 기독교인은 거의 50%대에 이른다. 장로 대통령 때는 무려 70%에 이르기도 했다. 이쯤이면 거의 기독교 국가급이다. 그럼에도 불구하고 우리 사회는 여전히 혼탁하기 이를 데 없고 기독교적 가치와는 너무도 동떨어져 있다. 부정과 부조리, 범죄와 일탈의 중심에는 늘 자칭 타칭 기독교인들이 떡 하니 자리 잡고 있다. 교회에서는 거룩하게 예배를 드리지만 문을 닫고 뒤돌아서는 순간 두 얼굴의 사나이가 되는 교인, 예배당 안에서는 온화한 미소를 지으며 성자처럼 말씀을 전하고 정의롭게 행동하지만 세상 밖으로 나오는 순간 야수처럼 돌변하는 성직자… 그런 부끄러운 얼굴이 마치 기독교의 본디 모습인 것처럼 오도되며 슬픈 자화상으로 고착되어가고 있다. 도대체 뭐가 잘못되었을까?

모태신앙으로 평생을 신앙인의 테두리에서 살아왔지만 나 또한 마찬가지다. 오히려 나를 얽어매고 있는 기독교라는 굴레가 부담스럽고 불편하기 이를 데 없었다. 하나님이라 이름하는 빅브라더 big brother 에게 감시당하고 있는 듯해 늘 뒷골목 어둠 속으로 도망가고 싶었다. 성경은 세상에서의 삶에는 전혀 효험도 없고 영향력도 미치지 못하는 허망한 얘기일 뿐이었다. 말씀대로 살다간 남의 꽁무니나 뒤쫓아 가거나 바보소릴 듣기 십상이었다. 성경과 세상이 엇박자를 내는 모순된 현실, 양립하지 않는 진리, 그럼에도 불구하고 내가 그리스도인이라는 사실은 나를 늘 혼돈스럽게 하고 고통 속으로 몰아넣어 방황하지 않을 수 없었다. 머리는 분명 정답이 'O'라고하는데 손은 늘 'X'를 선택하고 있었다. 괴로웠다. 결국 '나는 누구인가?'라는 원초적 물음에 다시 귀착할 수밖에 없었다. 나를 찾는 여행이 시작됐다.

아무리 좋은 음식이나 약도 소화시키지 못하면 소용없듯 하나님 말씀이 천지만물을 개벽케 하여도 입에 머금다 그냥 토해 내버리면 아무 의미가 없다. 예수께서 지금 또다시 십자가에 올라 물과 피를 다 쏟아 낸들 당장 내 손 안에 들어오는 은전 몇 푼보다 더 중요하게 여기겠는가? 신앙이 말씀과 삶의 이중적 구조, 즉 물과 기름처럼 각각 별개로 존재하여 서로 아무런 영향을 미치지 못한다면 나 자신이 곧 유다이며 예수를 부인한 베드로라고 하지 않을 수 없을 것이다. 말씀을 잘 몰라서 삶으로 이어지지 못하는 이들도 많지만 말씀을 알면서도 제대로 이해하거나 적용하지 못한 채 그냥 그리스도인의 껍데기만 쓰고 살아가는 이들도 많다. 믿음과 행함, 그 간극을 좁혀나가기 위해선 우선 분별할 수 있어야 한다. 맞닥뜨린 상황 가운데서 하나님은 무어라 말씀하시는지를 알아야 한다. 목적지를 알아야 방향을 잡고 엔진에 시동을 걸고 나아가는 것처럼 말이다.

성경은 우리에게 말한다. "너희는 이 세대를 본받지 말고 마음을 새롭게 함으로 변화를 받아 하나님의 선하시고 기뻐하시고 온전하신 뜻이 무엇인지 분별하도록 하라"(롬 12:2). 말씀이 실재가 되어 살아 움직이도록 하기 위해선 먼저 하나님 뜻을 분별할 수 있어야 한다. 부단히 하나님께 묻고 들어봐야 하고 동시에 세상에서 일어나는 모든 상황의 내면을 끊임없이 성찰하고 사고해야 한다.

바르트 Karl Barth 는 '한 손엔 성경, 한 손엔 신문을 들라'고 말했다. 그의 언급은 지금 정보의 홍수 속에서 살아가는 우리에게 큰 시사점을 제시한다. 성경도 신문도 손에서 놓지 말아야 할 중요한 교재다. 그리스도인은 산 속에 홀로 스스로를 고립시킨 채 절차탁마하는 수도승이 아니다. 세상이 너무 썩었다고 냉소하고 통박만 하는 비평가도 아니다. 주어진 이 상황에서 하나님은 우리에게 무어라 말씀하시는지를 들을 수 있어야 한다. 성경으로 세상읽기, 쉬운 듯하지만 쉽지 않다. 습관처럼 연습하고 되풀이함으로 육화시켜야 한다. 나의 더듬이는 이제 겨우 잠에서 깨어나 방향감각을 익혔을 뿐이다. 작은 일에서부터 큰일에 이르기까지 맞닥뜨리는 모든 것들에 성경의 잣대를 들이대며 살펴보는 작업이 지속적으로 이어져야겠다. 믿음과 삶의 부조화로 인해 갈등하며 방황하는 그리스도인, 다람쥐 쳇바퀴 돌 듯 단조롭고 건조한 신앙생활을 하는 이들, 하나님을 잘 몰라도 참된 삶의 가치를 깨닫고 바르게 살고자 길을 묻는 이들. 모두에게 이 글이 전이의 팁이 되면 좋겠다. 글을 쓰도록 길을 열어주시고 도움을 주신 분들에게 감사를 드린다. 특히 곁에서 끊임없이 출간을 독려하며 게으르지 않게 다잡아준 평생 동지인 아내 인미에게 고마운 마음을 전한다. 늘 조심스레 신문 마감날짜를 알려주시고 원고를 부탁하며 장을 열어주신 최명석 목사님, 안홍자 목사님에게도 감사드린다. 어디선가 내게 무슨 일이 생길 때마다 로봇 장가처럼 불쑥 나타나서 길잡이가 되어주시는 김건주 목사님, 글이 책이 되어 다시 살아나도록 애쓰신 노고에 감사드린다. 기독교 세계관에 대해 이해를 새롭게 갖도록 인도하고 가르쳐 주신 양승훈 교수님에게도 진심으로 감사를 드린다.

저자 김영규

@제주

1부
·······

이슈를
말하다

4월이 오면

4월이 오면
행복해질 수 있을까?
봄이 안개비 되어 꿈결처럼 내리는 그 계절이 오면...

파스텔화같은 몽롱한 그림 속으로 빨려들어가
투박하고 무딘 손에다 스러질 듯 고운 햇살자락을 담아 와도 될까?
허락도 없이.

하늘하늘 산들바람 여리디여린 꽃잎이 비처럼 날릴 때
처연하게 아름다운 그 분홍빛을 보며
드러누워 하늘의 푸르름을 맛봐도 될까.
허락도 없이

다시
4월이 오면

@서울

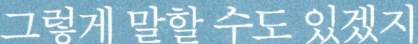

그렇게 말할 수도 있겠지

그렇게 말할 수도 있겠지
상식이 거기에까지 이르지 못했다면
마음이 거기에까지 이르지 못했다면

그렇게 말할 수도 있겠지
나를 잘 알지 못한다면
내 말을 오해하고 있다면

그렇게 말할 수도 있겠지
정말 그렇게 이해하려고 해

바다가 내게 그렇게 가르쳐줬어

거칠어서 무섭다고?
호수처럼 잔잔하다고?
그런 건 자기들 생각일 뿐이라고

그냥 그렇게 생각해 버려
그렇게 말할 수도 있겠지라고.

사마리아인과
바리새인 사이_ 난민 문제

또다시 제주도다. 대한민국 사회에 핫이슈를 내던졌다. 예멘 난민들이 대거 난민 신청을 하면서다. 여론은 갈리고 청와대 난민 거부 청원자는 백만 명에 이르렀다. 엄청난 반향이다. 기독교계마저 한목소리를 내지 못하고 양분되었다. 착잡하고 가슴 아프다. 한 분 하나님을 모시면서 왜 생각은 전혀 다를까? 이웃사랑을 내세우는 이들은 적극적으로 그들을 받아들여야 한다고 주장하지만 이슬람교의 침투, 호전적이고 배타적인 그들로 인해 우리 사회가 게토ghetto: 소수 민족들이 모여 사는 빈민가화될 것을 우려하는 반대 목소리도 무척 크다. 이른바 이슬람포비아다. 이 땅에 사는 대한민국 국민, 더욱이 그리스도인이라면 이 사태에 대해 분명한 견해를 밝혀야 하겠지만 사실 첨예하게 대립하는 사안에 대해 언급하는 것 자체마저 조심스럽기 그지없다.

한 개인이 가지고 있는 사상은 타인에 대해 비치는 관점으로 측정해 볼 수 있다. 즉 세상에 대한 개인의 시각은 곧 자신의 모습을 보여주는 내면의 또 다른 미러링mirroring이다. 그리스도인이라면 당연히 예수 그리스도가 보여주신 사상과 가치를 세상에 투영시켜 보여줘야 할 것이다.

기독교라는 안경을 끼고 세상을 바라보며 살아가는 것, 그것이 곧 기독교 세계관적 삶의 방식worldview이다. 그런데 같은 안경을 끼고 살면서도 정반대의 시각을 갖고 있다면 하나님을 한쪽에서만 바라본 건 아닌지, 혹 색안경을 쓰고 있는 건 아닌지 스스로 점검해봐야 한다.

"압력이 가해지자 약점이 드러났다". 쉐퍼F. A. Schaeffer는 고대 로마 문명을 이야기하다가 로마 시대에 지어진 다리를 가리키면서 이렇게 말했다. 지금 한국의 기독교가 바로 그 짝이 아닌가 생각된다. 예멘 난민 사태로 인해 우리는 한국 기독교, 한국 그리스도인들의 현주소를 살펴볼 수 있게 됐다. 쉐퍼의 언급대로 압력이 가해지자 약점이 드러난 것이다. "된다", "안 된다". 날 선 공방을 해댄다. 한발 물러나 생각해보자. 원론적으로 접근해보자. 그리스도인이란 어떤 사람들인가? 그리스도를 따르는 사람들, 그리스도의 가치를 공유한 사람들을 말한다. 그렇다면 단순하게 생각해서 우리가 가지고 있는 태도에 그리스도의 가치가 들어있는가 아닌가만 따져보면 될 것이다. 더 쉽게 말해 지금 이 땅에 예수가 오신다면 그분은 어떤 태도를 취하실 것인가를 기준점으로 살펴보면 된다.

많은 그리스도인이 우려하는 것은 예멘 난민들로 인해 우리나라가 이슬람교의 침투 발판이 될 수 있다는 거다. 진짜 난민이 아니라 포교 목적을 가지고 들어온 가짜들이라고 한다. 설령 아니라 하더라도 그들이 들어오면 독단적 사고와 열정적이고 호전적인 이슬람교 신자들에 의해 우리나라가 이슬람화되는 건 시간문제라고도 말한다. IS라든가 알카에다, 9.11테러 등 우리 기억 속에 남아있는 이슬람 집단들이 워낙 부정적이고 거부감이 드는 건 사실이다. 게다가 최근에는 이슬람 확장을 꾀하는 중동의 거대자금들이 우리나라를 노리고 몰려온다는 소문도 있어 이 래저래 불안감을 부추기고 있다. 그런데 생각해보자. 우리가 믿는 기독교적 가치가 그렇게 쉽게 무너져 내릴 정도로 형편없고 무기력하던가? 예수 그리스도 이후 숱한 핍박과 위협 속에서 2천 년, 아니 창조 이후 수천 년을 이어 내려와 온 지구상에 편만하게 퍼진 복음의 위력. 생명력이 그 정도밖에 안 된다는 말인가? 만물을 지으신 하나님의 능력이 '인간이 만든 신'에 의해 그리 쉽게 무너지겠는가 말이다.

하나님의 말씀이나 방식은 세상 어떤 가치와도 비교할 수 없을 정도의 파워를 지니고 있다. 어떤 방해, 장애물도 이겨낼 만큼 생명력이 있다. 그건 창칼이 아니다. 세상적 기준으로 보면 심히 연약하기 그지없는 덕목들이다. 사랑하고, 용서하고, 낮아지고, 섬기고, 십자가에 달리고. 그 연약함으로 세상을 이기고 지금껏 역사를 관통해오고 있다. 전쟁은 여호와께 속한 것이다. 우리가 나서서 전쟁하려 들면 문제가 된다. 대표적인 게 십자군 사건이다. 기독교 역사상 가장 부끄러운 사건 중 하나이다. 참 그리스도인으로서 우리가 해야 할 일은 맞서 싸우고 대적하는 게 아니라 용서하고 섬기고 사랑하는 것이다. 예수는 선한 사마리아인의 비유를 통해 우리에게 그 점에 대해 분명하게 말씀하셨다. 제사장도 레위인도 지나쳤고 정작 돌본 건 이스라엘 백성에게 인간 대접조차 받지 못한 사마리아인이었다. 만일 우리가 스스로를 왕 같은 제사장이라고 하면서 고통당하는 이웃을 외면한다면 바리새인들과 다를 게 뭔가?

진정한 그리스도인이라면 이 땅에 사는 동안 당연히 예수의 가르침과 그 말씀을 실천해야 한다. 다시 말해 그리스도를 닮은 모습으로 살아가야 한다. 그리스도인의 임무가 기독교 자체를 수호하는 건 아니다. 종교를 위한 종교인이 되는 게 우리 삶의 목표가 아니다. 그런데 혹, 예수가 가르쳐준 절대가치보다도 종교 자체에 몰입되어 있는 건 아닐까? 우리가 지키고 실현해야 할 것은 기독교라는 종교가 아니라 기독교 안에 녹아 있는 예수가 보여주신 사상이고 말씀인데도 말이다. 기독교라는 종교 자체를 우상처럼 숭배하면서 이를 기독교적 자세라고 착각한다면 이는 주객이 전도된 것이다. 바리새인들이 그랬다. 그들에겐 율법자체가 우상이었다. 예수는 그들을 회칠한 무덤이라고 하셨다. 기독교를 지키겠다며 기독교적 가치(사랑, 섬김, 용서, 화해)에서 돌아서는 건 참으로 넌센스요, 슬프디슬픈 아이러니가 아닐 수 없다.

우리 또한 난민이었다. 특히 4.3항쟁의 아픔을 겪은 제주도 사람들은 누구보다도 그 아픔을 잘 안다. 기록을 보면 끔찍한 살육을 피해 당시 제주도에서 일본 땅으로 이주한 난민이 1만여 명에 이르렀다고 한다. 남의 나라 땅, 더욱이 바로 해방직전까지 온갖 횡포를 부려온 침략자들의 땅을 제 발로 찾아갔으니 차별이나 무시야 이루 말로 다 할 수 없었을 것이다. 그러나 어떻게든 '살아남는 게' 목적이었으므로 온갖 허드렛일을 감당하며 생명을 보전했다. 자신을 절제하고 희생하면서 한 푼 두 푼을 모아 고향에 있는 가족들에게 보냈고 그로 인해 제주에 남아있던 이들도 살아남게 되었다. 예멘 난민들은 오랫동안 계속되는 끔찍한 전쟁을 피해 제주도 땅에 찾아왔다. 그들의 목적 또한 '사는 것'이다. 종교가 다르다고, 범죄 가능성이 크다고, 가짜 난민일지도 모른다고, 우리 일자리를 빼앗는다고 그들을 내쫓을 것인가? 제주도가 간직한 역사는 그렇게 묘한 역설로 지금 우리에게 되묻고 있다. 아브라함도 요셉도 다니엘도, 수많은 믿음의 선진들은 다 고향을 떠난 나그네 신분이었다. 물론 우리 또한 지금 나그네 인생을 살고 있다. 아주 단순하고 쉽게 생각해보자. 예수가 지금 제주도 땅에 오신다면 과연 올 데 갈 데 없이 떠도는 그들을 이교도라 해서 쫓아내실까?

정의란 무엇인가?

구치소로 향하는 대통령의 참담한 모습을 보았다. 그녀는 상징이던 올림머리를 풀어헤치고, 화장을 지우고, 분노와 두려움과 피로감이 뒤얽힌 묘한 표정을 짓고 있었다. TV 앵커의 표현대로 민의와 정의가 승리했다. 그렇다면 축제처럼 당연히 기쁘고 즐거워야 할 터인데 마음이 착잡하기 이를 데 없다. 뭐라 표현하기 힘든 복잡한 상념들이 교차했다. 일국의 대통령에게 씌워진 죄목이 도무지 믿어지지 않았고, 또다시 감옥으로 향하는 이 나라 대통령의 말로를 볼 수밖에 없는 우리의 현실이 슬펐다. 또한 그런 이를 대통령으로 뽑을 수밖에 없었던 우리 정치의 현주소가 가슴 아팠고 분열되어 양극단으로 내닫는 민심이 두려워졌다. 사필귀정이며 사회정의를 바로 세우고 대한민국의 민주주의를 진일보시킨 사건임엔 틀림없지만 마음이 편치는 않다.

과연 정의란 무엇일까? 넓은 의미에서 보면 정의란 사회를 구성하고 유지하기 위한 공정한 도리이다. 이는 일반적인 사람들의 통념에 의해 판단되는 올바른 사회윤리라고 볼 수 있다. 철학의 뿌리가 내리기 시작하던 2000년쯤 전에 이미 정의에 대한 학자들의 논쟁이 있었다. 플라톤의 국가론에 나오는 재미있는 일화다. 소크라테스가 트라시마코스 Thrasymachus 에게 '정의'가 뭐냐고 물었다. 트라시마코스는 '정의란 곧 강자의 행동'이라고 말한다. 소크라테스는 반박한다. "의사가 환자를 치료하고, 선장이 승객의 안전을 돌보는 것처럼 통치자는 통치받는 시민들을 이롭게 하는 사람 아닐까요?" 그러자 트라시마코스의 대답이 걸작이었다. "그렇다면 목동들은 양을 위해 양을 모는 겁니까? 그게 말이 됩니까?"

정의의 본질적 관점에서 보면 소크라테스의 논리가 당연히 옳다. 하지만 우리 사회는 오히려 법과 정의가 강한 자의 이익을 위한 것이라는 트라시마코스의 주장이 더 설득력 있게 다가온다. 몇 년 전 한 국책연구소의 조사 결과 미국인의 38%가 미국 사회가 정의롭지 못하다고 생각하는 데 반해 한국인들은 74%가 사회가 불공정하며 정의롭지 못하다고 했다. 그만큼 많은 우리 국민이 일상에서 벌어지는 일들에 대해 상대적 박탈감이나 불공평한 경험을 공유하고 있다는 뜻이다. 생각해 보면 유전무죄, 무전유죄라는 말로 표현되는 사건들이 이 나라에 얼마나 차고 넘치던가? 불법과 탈법을 일삼던 정치인이나 재벌들은 오히려 법의 관대한 보호를 받거나 국익을 위한다는 명분으로 배려, 사면 등의 혜택을 마음껏 누려왔다. 정의라는 간판을 내걸었지만, 법은 오히려 그 속내를 잘 아는 이들에 의해 교묘하게 짜깁기되거나 피하는 방편이 되었다. 대신 죄 같지도 않은 죄, 장발장식의 이른바 생계형 범죄를 저지른 이들에게는 철저하고 냉혹한 칼날을 들이댔다. 약자에게 강하고 강자에게 약해서 늘 가진 자, 높은 자, 아는 자의 편이 되어 고무줄처럼 작동하는 법, 과연 누구를 위한 법이며 누구를 위한 정의인가? 정의의 통념을 벗어난 잣대 앞에서 한없이 왜소해진 서민들은 자조 섞인 트라시마코스식 인식을 갖지 않을 수 없다.

이제 유례없는 현직 대통령의 파면이 그러한 잘못된 관습 또는 법 적용을 바로잡는 계기가 되었으면 좋겠다. 정의에 대한 상식과 원칙이 살아나기를 바란다. 높고 낮음과 많고 적음에 상관없이 원칙을 거스르면 그야말로 투명하고 공정한 법의 잣대로 심판받도록 하는 게 '기본'이 되는 정의로운 사회 말이다. 당연한 이 정의의 실현을 위해 우리는 그동안 엄청난 대가를 치렀다. 시위도 했고, 노동운동에 나서기도 했고, 진보적 정권을 탄생시켜보기도 했다. 그러나 뿌리 깊은 그 개념과 시스템은 여전히 철옹성처럼 불변했다. 그야말로 적폐 중의 적폐이다. 대통령 파면 사건만 해도 반년여 동안 엄청난 국가적, 국민적 소모를 감수하면서 이어진 '시민혁명'이 이뤄낸 결과물이다.

수년 전 마이클 샌델의 《정의란 무엇인가》라는 책이 우리나라에서 베스트셀러가 되었다. 쉽지 않은 책임에도 많은 이들이 찾았다. 그만큼 우리 국민이 정의에 목말라 있었다는 방증일 거다. 샌델은 이 책에서 정의를 이해하는 여러 가지 접근법을 내세운다. 공리나 복지의 극대화, 선택의 자유에 대한 존중 등이 거론된다. 그가 내리는 결론은 좋은 삶의 의미를 함께 고민하고 그 과정에서 생길 수밖에 없는 이견을 기꺼이 수용하는 문화를 만드는 것이다. 그건 절대 유아독존적 사고로는 이룰 수 없는 '공동의 선'이다. 대통령을 자리에서 끌어내려 구치소로 향하게 만든 건 우리 사회의 그 '공동의 선'이 이뤄낸 합작품이라 여겨진다. 수렁에 빠진 정의의 바퀴를 힘을 모아 끌어 올린 일이다. 두고두고 교훈으로 간직해야 할 참으로 값비싼 대가이며 소중한 경험이다.

정의는 일반적으로 공정과 공평성으로 이해된다. 의로움은 하나님의 특성이다. 성경은 이를 정의와 공의, 또는 공법으로 좀 더 구체화해 표현한다. 명확히 구분된 건 아니지만 쓰임새에 따라 미묘한 차이가 있다. 정의는 본래 하나님께만 있는 속성을 말한다. 반면 공의는 공적이고 법적이며 심판의 개념이 추가된다. 선지자 아모스는 이를 적절하게 교차시켜 표현한다. 그는 "정의를 쓴 쑥으로 바꾸며 공의를 땅에 던지는 자들아(암 5:7)"라고 북이스라엘 백성들에게 일갈하며 "오직 정의를 물 같이, 공의를 마르지 않는 강 같이 흐르게 할지어다(암 5:24)"라고 촉구한다.

그런데 하나님의 '의'는 '자비'와 분리되어 볼 수 없다. 그분은 '의'와 '자비'라는 커다란 두 수레바퀴로 세상을 다스리신다. 의로우므로 자비로우시고 자비로우므로 의로우시다. "우리의 죄를 따라 우리를 처벌하지는 아니하시며 우리의 죄악을 따라 우리에게 그대로 갚지는 아니하셨으니 이는 하늘이 땅에서 높음 같이 그를 경외하는 자에게 그의 인자하심이 크심이로다"(시 103:10~11). 의로우시므로 치우침이 없는 잣대로 인간을 심판하시고 자비로우시므로 아들을 보내 구원의 길을 여셨다. 하나님은 또한 일관되게 고아와 과부, 나그네 등에게 관심을 보이신다.

예수도 늘 가난한 자, 병든 자, 소외된 자에게 눈높이를 맞추셨다. 약자에 대한 극진한 관심, 바로 의로움과 자비의 상관성을 보여준다. "그가 재물을 흩어 빈궁한 자들에게 주었으니 그의 의가 영구히 있고 그의 뿔이 영광 중에 들리리로다"(시 112:9).

'외골수 칼빈주의자'라 불리며 우리 신학계에 뚜렷한 발자취를 남긴 이근삼 박사는 "기독교적 정의는 약자에 대한 하나님의 끈질긴 편애"라고 재미있게 표현했다. 생각해보면 하나님께서 그 아들을 죽기까지 내버리면서 우리에게 관심을 보이시는 것도 영적 세계에서는 우리가 상대적으로 약자이기 때문일 것이다. 인간의 힘과 능력만으론 사탄의 세력에 맥없이 무너질 수밖에 없으므로 주님의 '의'에 기대라고 하신 것이다. 그것이 곧 믿음으로 의에 이르는 길이고, 그것이 곧 약할 그때 강함이 되는 것이다. 마찬가지 개념으로 우리 인간은 그렇게 본디 약자이므로 겸손해야 하고 사회적 약자에게 관심을 가져야 한다. 하나님은 우리가 그렇게 그분의 성품을 따라주기를 바라신다. 그 때문에 우리가 공의와 정의를 행하는 것을 제사드리는 것보다 더 기쁘게 여기신다(잠 21:3). 진정한 그리스도인이라면 그 '의'를 위해서 핍박받을 각오까지도 해야 한다.

죄를 짓고 구치소로 향하는 전직 대통령이라는 실상이 우리를 슬프게 한다. 어느 순간 그 비참한 모습에 지금 내 모습이 투영되었다. 나 또한 죄인이고 나 또한 정의롭지 못했다. 나 또한 능력 부족이었고 나 또한 겸손하지 못했다. 그런데 나는 방관자처럼 지금 편하게 자리에 앉아 전혀 다른 사람인 양 벌거벗은 또 다른 나의 모습을 지켜보고 있다. 객관화된 법과 정의의 원칙이 이제야 제대로 작동되었고 상식이 비상식을 몰아냈다. 하지만 마치 사울의 죽음 소식을 접한 다윗다낭 마음이 씁쓸하고 복잡하기 이를 데 없다. 인간을 지옥으로 내려 보내야 하는 하나님의 마음이 혹 그렇지 않을까?

@제주

정치 목사?

        아침, 아주 이른 시각에 핸드폰으로 문자 하나가 날아들어 왔다. 선거에 나온 한 후보를 응원하는 내용이었다. 010으로 시작하는 걸 보니 광고성은 아닌 거 같은데 저장된 번호도 아니고 낯설었다. 마침 요즈음 무차별적으로 날아오는 문자 폭탄질이 퍽이나 마뜩찮던 터라 가탈 잡듯 답장을 보내줬다.

"나도 이 후보를 잘 아는데 댁은 도대체 뉘시오?"

잊어버리고 있었는데 한참 후 전화벨이 울렸다. "나 ○○○이오!" 귀가 의심스러웠다. "누구시라구요?" 되물으며 거듭 확인하고 나서야 한바탕 웃음이 절로 터져 나왔다. 그는 나의 언론사 입사동기였다. 당시 나는 대학 4학년이었고 그는 직장을 다니다 입사한 터라 나보다 서너 살이나 위였다. 동기들 가운데서도 가장 나이가 많아 우린 그를 늘 형이라고 불렀는데 그러다 선배들에게 단체로 혼쭐이 난적도 있었다(언론계에서는 아무리 나이가 많아도 동기를 형이라고 부르는 게 용납되지 않는다).

함께 회사를 옮기기도 했고 같은 부서에 근무한 적도 있어서 그는 다른 동기들보다 훨씬 더 가까웠다. 게다가 나는 한동안 개인적인 사정으로 힘들어하던 그를 회사 신우회 모임으로 인도하기도 했다. 내가 한국을 떠나면서 연락이 끊겼으니 그 세월이 벌써 10년이 훨씬 넘었다. 그는 한 후보의 캠프에 몸담고 있다고 했다. 하지만 아무리 생각해봐도 내가 아는 그는 정치판과 어울리지 않아 이유를 물어봤다. 그는 사뭇 진지했다. 정치란 공기나 물과 같다는 것이다. 구구절절 맞는 말씀들을 읊어댔다. 옳거니 몇 마디 동의하며 거들어줬더니 껄껄거리는 특유의 웃음과 함께 "자네도 정치목사구먼!"이란 대답이 돌아왔다. 정치 목사? 익숙하면서도, 낯선 그 표현에 오금이 저리도록 웃음이 터져 나왔다.

전화를 끊고 나서 정치란 과연 무얼까 하는 생각을 해봤다. 사실 정치(政治)란 말 자체는 우리가 생각하는 것보다 훨씬 광범위하다. '정'政은 '바를 정'正에 '일을 하다', 또는 '회초리로 치다'라는 의미인 '등글월 문'攵이 더해지고, 치治는 '물'과 '건축물'이 합하여 이루어진 말이다. 따져보자면 자신을 바르게 다스림으로 물이 넘쳐 타인에게 피해가 가지 않도록 잘 이끈다는 뜻으로 해석할 수 있겠다. 즉 정치란 자신과 다른 사람의 부조화로운 것, 부정적인 것을 바로잡아 극복하는 일이다. 우리가 일반적으로 생각하는 다른 사람을 지배한다는 의미보다 오히려 다른 사람을 돕는다는 의미가 강하다. 서양에서는 정치를 주로 '분배'의 개념으로 정의하였다. 이스턴D. Easton은 "가치의 권위적 배분the author allocation of values"이라 했으며 라스웰H. D. Lasswell은 "누가 무엇을, 언제, 어떻게 갖느냐who gets what, when, and how"는 것이 정치라고 했다. 분배에 초점을 맞춘 서양적 견해나 다른 사람을 위한다는 동양적 정의가 본질적 의미로 보면 모두 상통해 보인다.

그렇다면 세상을 살아가는 인간의 삶 자체가 다 정치라는 개념에 포함된다고 할 수도 있겠다. 물론 하나님께서 세상을 다스리시는 것도 당연히 정치라고 볼 수 있다. 때문에 기독교 세계관은 정치와 종교를 분리해서 보지 않는다. 하나님께서는 정치는 내 영역이 아니라고 떼어놓으신 적이 단 한 번도 없으시다. 짐 월리스J. Wallis 는 "성경을 보면 하나님은 항상 정치에 관해 말씀하신다."며 "우리는 그 정치를 통해 다음 세상이 아니라 지금 우리가 살고 있는 이 세상에서 하나님을 믿는다는 것의 의미, 하나님께서 우리에게 지어주시는 책임의 의미를 생각해봐야 한다."고 말했다. 존 하워드 요더J. H. Yoder 는 예수님의 행동이 "일관되고 의식적으로 사회정치적 성격과 방향성을 보여주고 있으며 그의 가르침 역시 이와 분리하여 생각할 수 없다."고 말한다. 정치라는 관점을 좀 더 협의의 시각으로 갖다대 보더라도 예수님 역시 정치적이라는 것이다. 또 "예수님의 생애를 통해서 정치의 원리가 가장 극명하고 성숙한 형태로 나타난다."고 말하는 학자도 있다.

개신교의 뿌리라고 할 수 있는 루터는 자신을 정치사상가라고까지 했다. 그가 주장한 '두 왕국론'이나 칼빈이 주장한 '두 정부론'이나 그 기원은 하나님이시며, 목표도 하나님이시다. 종교 개혁가들은 이처럼 하나님께서 오른손인 영적 왕국을 통해서는 복음과 사랑으로, 왼손인 세상적 왕국을 통해서는 법과 칼로 통치하신다고 봤다. 그러나 영적 통치와 세상적 통치는 대립되는 것도 아니고 대치되는 것도 아니다. 또한 서로 분리될 수도 없고 단지 구별될 따름이다. 두 영역은 모두 하나님의 통치 아래에서 지금도 이루어지고 있다. 그것이 바로 하나님의 정치이다.

나는 대선후보들의 토론을 빠뜨리지 않고 매우 관심 있게 지켜봤다. 그런데 결론부터 말하자면 대통령감이 보이지 않았다 서로에 대해 지적하고 얘기하는 걸 보면 하나같이 모두 다 거짓말쟁이요, 구능력자요 배신자였다. 대통령 후보로 나서는 사람들이 아니라 마치 '누가 누가 못났나!' 경연을 펼치러 나온 이들 같았다. 평범한 서민들보다 훨씬 윤리, 도덕적, 인격적으로 흠결이 많은 사람들만을 추려놓은 듯했다. 아니 상대후보들의 지적을 액면 그대로 받아들인다면 모두 사기꾼이고 협잡꾼이고 거짓말쟁이들이었다. 나는 그들이 서로 얼굴을 붉히며 토론하는 걸 보며 마치 할인매장에 나온 리퍼 제품refurbished product: 하자 있는 물건을 재정비해서 판매하는 것 같다는 생각이 들었다.

대통령 선거에 나선 이들이 TV에서 토론하는 건 참 좋은 방식이다. 엄청난 인적 물적 자원들이 동원되고 낭비되는 대형 우세방식에서 벗어나니 후보나 당에도 부담이 덜 되고 국가적으로도 비소모적이다. 주인인 국민들 또한 편하게 지켜보면서 인물들의 됨됨이를 서로 비교할 수 있으니 보다 객관적이고 공정한 평가를 내릴 수도 있다. 그러나 토론회는 한계점이 분명히 있다. 자신을 상대적으로 돋보이게 하려고 타 후보를 비난하고 깎아 내리거나 무시하는 게 우선 과제가 되기 때문이다. 자신의 철학이나 포부를 밝히는 것보다 얼마나 상대의 약점이나 꼬투리를 잘 파고들어 모진 말을 하고, 상대의 의견을 잘 뭉개버리거나 잘 통박하느냐로 자신의 존재감을 드려내려 하기 때문이다. 이건 사실 우리만의 문제도 아니다. 외국 어느 나라에선가는 TV토론 도중 후보들끼리 멱살을 잡고 싸우는 일도 있었고, 토론회를 하다 말고 자리를 차고 나가버린 일들도 있었다니 말이다.

후보들의 토론회를 보면서 나는 하나님을 제대로 믿는 사람이라면 저런 자리에는 도저히 앉아있을 수 없겠다는 생각이 들었다. 예수님께서는 "비판하지 말라"고 하셨다. 성경은 "모든 악독과 모든 기만과 외식과 시기와 모든 비방하는 말을 버리고"(벧전 2:1)라고도 했다. 그런데 토론회의 구조는 독하게 남을 비판하고 비방해야만 한다. 자신이 살기 위해서는 어떻게든 수단과 방법을 가리지 않고 상대를 죽여야 하는 야생의 법칙만이 지배한다. 대통령 후보들이 아니라 마치 로마시대 원형경기장에 나와 싸우는 검투사들 같다. 죽기 살기로 서로를 향해 달려드는 검객들에게 어떻게 "뭇 사람을 공경하며 형제를 사랑"(벧전 2:17)하라는 말을 할 수 있겠는가? 그런데 날 선 검 같은 혀가 상대에게 상처를 입히고 곤혹스럽게 할 때마다 군중은, 언론은 환호한다. 안타깝다. 과연 그게 우리가 원하던 바일까? 우리는 대통령을 뽑는다. 말쟁이를 뽑는 게 아니다. 말 잘하는 이보다는 오히려 말을 잘 듣는 이를 가려내야 한다. 잘 듣는다는 건 곧 소통의 출발점이다. 소통 부재로 인해 낙마했던 과거 대통령의 말로를 기억해야 한다.

공자는 '정치란 양식을 풍족하게 하고 군비를 충분하게 하고 백성이 신뢰하게 하는 것'이라고 했다. 부득이하게 그중 한 가지를 버려야 한다면 군비라고 했고 또 하나를 버려야 한다면 양식이라 했다. 그럼 맨 마지막까지 남는 건, 신뢰다. 인도의 정치적 상징인 네루 F. J. Nehru 도 크게 다르지 않았다. 그는 정치란 '백성들의 눈물을 닦아 주는 일'이라고 했다. 국민들의 눈물을 닦아 주는 긍휼한 마음이 있는 사람, 구순 결정을 내리더라도 믿고 따를 수 있는 인물, 거짓으로 국민들을 우롱하지 않는 정직한 사람이 앞으로 대한민국호를 이끌었으면 좋겠다.

@제주

바람직한 대통령

         대통령 선거를 경험했다. 이번 선거는 내게 좀 특별한 의미로 다가왔다. 오랜 기간 외국에 나가 있던 탓에 그동안 직접 맛볼 수 없었던 열띤 현장의 분위기를 체감할 수 있었기 때문이다. 특히 우리 민주주의의 현주소를 보았다. 과거처럼 이념 대립이나 지역대결과 같은 고질병이 덜 드러나고 인물 위주의 선거로 진일보한 게 무엇보다 고무적인 변화로 느껴졌다. 기자 시절에 나는 대통령 후보들의 유세를 취재했던 적이 몇 번 있었다. 내가 전담하던 후보는 자신의 지지기반에선 엄청난 환대를 받았지만 다른 지역에선 비난을 받거나 돌팔매질까지 당했다. 비장한 각오로 적진(?)으로 침투하는 후보, 그와 동행하는 기자들도 덩달아 잔뜩 긴장하지 않으면 안 됐다. 개표방송에선 늘 동서로 찢기어진 성적표를 마주했다. 되돌이표처럼 선거 때마다 반복되는 낯 뜨거운 결과, 답답함과 참담함에 절로 한숨이 나올 때가 많았다. 그나마 나았다. 내가 어릴 적에는 고무신 선거, 막걸리 선거에 대리투표, 개표 부정 등 참으로 수치스러운 일들이 상식처럼 행해졌다. 군대에 있을 때는 공개투표를 하기도 했다. 생각해보면 호랑이 담배피던 시절 얘기 같지만 사실 그리 오래전 일은 아니다. 민주주의의 꽃이라 할 수 있는 선거제도가 정착되지 못한 상황에서 일어난 해프닝들이다.

물론 이번에도 상대방에 대한 인신공격이 거셌다. 진짜처럼 포장한 가짜 뉴스들이 판치기도 했고 세대 간 갈등도 표출됐다. 늘 그렇듯 보수와 진보의 대결이 큰 특징이었다. 민심이 촛불과 태극기로 갈라진 상태에서 치른 선거였기 때문에 후보들은 자신이 진짜 보수, 진짜 진보임을 내세우며 편 가르기를 했다. 그러면서도 한편으론 하나같이 화합과 통합을 기치로 내세웠다. 아이러니가 아닐 수 없다. 스스로 편을 가르고 나서고선 통합이고 화합이라니. 새 대통령이야말로 가장 먼저 이 화합에 나서야 할 것이다. 자신의 지지자들에 의해 대통령 자리에 올랐지만 이제 한 쪽만의 리더가 아니라 자신을 반대하고 욕한 사람들의 대통령도 되어야 한다. 당연한 일이지만 부끄럽게도 그동안 앞 선 정권들은 그렇게 잘하지 못했다. 그건 그만큼 그 일이 쉽지 않기 때문이다. 진보니 보수니 하는 건 일종의 방편 또는 시각일 뿐이다. 자신을 한쪽 프레임에 가둬두면 시야가 좁아질 수밖에 없다. 인간이건 국가건 보수와 진보를 넘나드는 사고를 갖춰야 발전하게 된다. 고착된 프레임에서 벗어날 때 비로소 자유로워진다. 그래야 미래를 기약할 수 있고 또 다른 가능성을 내다볼 수도 있다. 다름을 인정하지 않고 에고 ego를 내세우면 갈등은 더욱 커지게 마련이다.

우리를 둘러싼 국제정세는 매우 심각하다. 미국 중국 일본 등 강대국들은 정작 우리를 배제한 채 힘겨루기를 하고 있다. 다들 주판알을 튕

기며 철저한 이해관계에 따라 재빠르게 움직이고 있다. 미국은 우리 지도자가 공백인 틈을 타 허겁지겁 사드를 배치하더니 청구서부터 내민다. 마치 조폭이 물건을 강매하는 스타일과 다를 바 없다. 국가 간 합의로 이뤄진 FTA도 다시 하자고 떼쓰니 혈맹이라는 말이 무색하다. 친구라면서 미소를 지으며 손을 잡아주던 중국은 사드를 트집 잡아 안면박대하며 우리 기업들을 혼내주고 있다. 양국 간 문화적 교류마저 거의 단절된 상태에서 자꾸 삐걱거리니 갈등의 골은 더욱 깊어져만 간다. 관영 매체들은 연일 한국 때리기에 열을 올리면서도 정작 사드의 주체인 미국엔 살랑살랑 꼬리를 흔들어 댄다. 일본은 어떤가? 그들은 이미 도를 넘어선 지 오래다. 역사적 사실들을 날조, 왜곡, 미화시키는 한편으로는 슬그머니 무력을 키워가고 있다. 헌법조항까지 바꿔가며 야욕을 키워가는 그들이 노리는 꿍꿍이는 과연 무어란 말인가? 불난 집에 부채질하듯 한반도의 위기 상황을 조롱하며 기회를 포착하려는 모습은 마치 웅크린 살쾡이처럼 섬뜩하기 그지없다. 자, 이쯤이면 우리는 동네북 신세요, 고립무원이다. 한국 문제 테이블에는 정작 한국이 없다. Korea passing은 현재진행형이다.

국내외 전문가들은 우리 국론이 분열됐기 때문에 중국이 트집 잡고 일본이 시비 거는 것이라고 꼬집는다. 철저한 경제 논리에 따라 총성 없는 전쟁을 치르고 있는 국제관계 속에서 적전분열은 자멸에 이르는 길이다. 그러므로 이 어려운 시국에 대통령이라는 직을 껴안게 된 리더는 먼저 쪼개진 보수와 진보, 동과 서를 엮어 강력하게 한목소리를 내도록 해야 한다. 그러기 위해선 수긍할만한 방법과 정책을 내놓아야 할 것이다. 자국 이기주의로 인한 국제적 변화에 맞서려면 자신의 힘을 키워야 하고 그러려면 먼저 우리가 일치된 모습을 보여야 한다.

성 프란시스코는 '평화의 기도'에서 분열이 있는 곳에 일치를 달라고 기도했다. 사탄은 흔히 분열의 영으로 불린다. 선악과는 하나였다. 이를 쪼개 먹음으로써 인간과 하나님은 갈라서기 시작했그 이후 인간들끼리도 서로 뿔뿔이 흩어졌다. 데이비드 프라이어 D. Prior 는 사랑이 없으면 나누어진다고 했다. 사랑이 있다면 설령 분쟁할 수 있는 토대가 되더라도 찢어지지 않는다는 것이다. 즉 분쟁, 분열이란 사랑이 없다는 표시이다. 그 분열된 상황의 일치를 위해 오신 분이 예수이시다. 그분은 자체가 곧 사랑이셨다. 그분의 목표는 세상 만물을 자신을 중심으로 화해하며 일치시키는 것이었다. 예수가 지금 이 땅에 오신다면 남과 북으로 찢긴 나라가 동과 서로, 보수와 진보로 갈라서는 걸 보고 뭐라 하실까? 그 어떤 관점으로 보더라도 분열은 절대 바람직하지 않다.

동일한 의미에서 북한과의 관계 재정립이 꼭 필요하다. 북은 그동안 핵과 대륙간 탄도탄 등 무기 개발에 전력을 다하며 두력을 과시했다. 그건 김정은 정권이 자신의 정통성을 인정받고 살아남기 위한 몸부림이다. 일각에서는 우리 또한 이에 힘으로 맞서야 한다고 주장하는 이들이 있다. 그건 단순하고 일차원적이다. 힘과 힘, 강대 강이 맞서다 보면 그 끝은 어디겠는가? 소모적인 치킨게임일 뿐이다. 북한과의 관계 개선이 없으면 앞으로도 우리는 줄곧 내, 외적으로 큰 벽에 부딪힐 수밖에 없다. 북한은 우리가 안고 있는 아킬레스건이자 숙명이자 기회이다. 이는 우리가 안고 있는 다른 모든 문제와 절대 무관하지 않다. 그들을 어떻게 양지로 끌어내는가 하는 게 새 정부가 풀어야 할 크나큰 과제다. 이번 대선 후보들의 토론회 때 햇볕정책을 놓고 날 선 공방이 일었다. 그런데, 나는 아무리 양보하더라도 남북 관계에서 햇볕정책 그 이상의 답은 찾아볼 수 없는 것 같다. 북한이 우리가 퍼 준 돈으로 미사일을 개발했다는 주장이 틀리다고 생각하진 않는다. 그랬을 수도 있다. 그러나 그 전에 햇볕정책을 일관되게 추진하지 못한 우리의 책임도 있다. 기껏 다리를 연결해놓고 정권이 바뀔 때마다 그 다리를 허물어버린다면 어떻게 신뢰 관계를 지속할 수 있겠는가? 북한만 탓하기 전에 정권에 따라 달라진 우리의 일관성 없는 정책방향부터 살펴봐야 한다. 새 대통령은 만일 햇볕정책이 맞다 생각하면 앞으로도 정권교체와 상관없이 계속 그 기조가 유지되도록 장치를 마련해야 할 것이다. 물론 더 나은 비책이 있다면 더할 나위 없이 좋겠다.

힘에 힘으로 맞서는 것은 예수의 방식이 아니다. 오히려 그 반대다. 예수는 힘이 없어 무기력하게 십자가에 달리신 게 아니다. 그분은 칼을 들고 자신을 지켜주려는 제자를 향해 "칼을 가지는 자는 다 칼로 망하느니라"(마 26:52)라고 오히려 꾸짖으셨다. 새 대통령이 하나님을 믿는지 믿지 않는지는 잘 모르지만, 바라건대 선한 사마리아인과 같은 긍휼한 마음으로 국민을 대하고 정책을 펴주었으면 한다. 플라톤은 국가의 왕이나 권력자가 충분히 철학을 하지 않는다면 국가에도 국민에게도 인류에게도 불행이 그치지 않을 것이라고 말했다. 나는 서 대통령이 뚜렷하고 확실한 철학을 보여주며 다시는 불행한 전직 대통령이 되지 않기를 바란다. 그건 그를 위함이기도 하지만 무엇보다 그가 사랑하는 대한민국과 국민을 위하는 길이다.

@제주

청문회 유감

                털어서 먼지 안 나는 사람 없다지만 케케묵은 먼지는 물론 고약한 냄새까지 진동한다. 고위 공직자 후보로 나선 이들 말이다. 시민단체 지도자, 운동권 출신, 저명한 학자 등등 명망으로만 보면 참신하고 깨끗하다. 그런데 뚜껑을 열어보니 부정직하고 상식 이하였다. 더럽고 음침한 흔적들을 훈장처럼 서너 개씩은 기본으로 걸머지고 있었다. 좌건, 우건, 보수건, 진보건 상관없이 우리 사회의 지도층이 그만큼 오염돼 있다는 증거다. 학계건, 공직자건, 시민단체건 아랑곳없이 말이다. 찬란한(?) 과거를 증명해 보일 수 있는 그런 불법의 흠결들을 훈장처럼 몇 개쯤은 달고 있어야 최소한 리더로서의 반열에 들 자격이 주어지는가 보다. 설령 그들이 장관이나 고위공직자로 임명된다 해도 걱정이다. 동류의 실수나 잘못을 저지르는 이들에게 엄격한 잣대를 들이댈 수 있겠는가? 아니 오히려 블레임룩_{blame look}처럼 다른 사람들이 본을 보고 담대해져서 그들의 범법마저 따라 하려 든다면.

    청문회를 통해 드러난 또 하나의 불편한 진실은 소위 '끼리끼리 의리'이다. 후보자 가운데 현직 국회의원들은 그 까탈스러운 그물망을 너무도 쉽게 통과했다. 이른바 현역 불패다. 여건, 야건 다른 이들에게는 추상같이 엄격한 칼날을 들이대던 의원들은 동료 의원들에겐 솜방망이질로 면죄부를 줬다. 청문회 자리에서 뻔뻔스레 오히려 지역구 민원을 슬그머니 내밀기까지 했다. 의원 출신들은 불법이나 흠결이 없기 때문일까? 천만의 말씀이다. 내가 알기만으로도 적잖은 문제를 안고 있는 인사들이 꽤 있다. 부끄러운 줄 모르고 동업자 의식에 사로잡혀 끼리끼리 감싸기를 하는 건 국회의원으로서의 직무유기이자 또 다른 의미의 도덕적 해이라 하지 않을 수 없다.

하나 더, 야당 의원들에 관해서이다. 도대체 그들의 속을 알다가도 모르겠다. 나라가 제대로 움직이게 하려는 건지 아예 작동을 멈추라 하는 건지. 그야말로 반대를 위한 반대를 하니 말이다. 그게 과연 자신들을 선택해준 민의의 요구일까? 정권을 잡는 게 정당의 목표라고는 하지만 국민의 의사와 괴리를 갖는 정당이 존재가치가 있을까? 새 정부의 출발선에서부터 건건이 생떼질하며 딴지를 거는 모습은 아무리 잘 봐주려 해도 마뜩치 않다. 사실 따져보면 전 정권에선 훨씬 더 많은 문제를 안고 있었고 거기에 일조한 게 그들이다. 그들이 잘했으면 왜 국민들이 정권을 바꿔버렸겠는가? 이제 나라가 정상으로 회복하는 데 함께 나서든가 최소한 허니문 기간만큼이라도 자숙하는 태도를 보여줌으로 국민들의 동의를 구하는 게 도리일 것이다.

청문회 과정에서 드러난 문제들을 가만히 살펴보면 전혀 성격이 다른 것 같지만 모두 같은 선상, 같은 뿌리에 근거하고 있음을 알 수 있다. 바로 이기심이다. 먼저, 후보로 지명된 이는 이기심에 사로잡혀 자신의 모습을 제대로 보지 못했다. 사실 자신의 문제를 자기보다 더 잘 아는 이가 어디 있을까? 자신에게 엄격한 잣대를 들이대 보고 자격이 부족하거나 흠결이 보인다면 후보 제안을 받아들이지 말았어야 한다. "이 정도야 괜찮겠지", "이 정도쯤이야 모르겠지"하고 나섰다가 공연히 만신창이가 되는 것보다는 백번 나았을 것이다. 자리나 명예에 대한 욕심으로 인해 백주에 발가벗긴 채 내 버려지고 평생 쌓아 올린 명성은 하루아침에 무너졌으니 이제 그 주홍글씨를 달고 어디 낯이라도 들고 다니겠는가? 무엇보다 자신의 유익만을 우선함으로써 자기를 믿고 추천한 임명권자와 정부에도 큰 부담을 안겨줬으니 이기적인 처신의 대가가 참으로 크다 하지 않을 수 없다.

'끼리끼리 동료의식'이나 '반대를 위한 반대' 태도는 집단적 이기주의의 전형을 보여준다. 국회의원은 전 국민 중 그야말로 극소수다. 그중에서 장관이나 대통령이 나올 가능성이 매우 높다. 전직 대통령들을 보더라도 대부분 국회의원 출신이다. 나는 한때 국회 출입 기자를 거쳤다. 당시는 여야가 얼굴을 붉히고 물리적 충돌까지 하면서 극한으로 대립하는 경우가 흔했다. 그런데 막후에서는 전혀 딴판이었다. 언론에 공개되는 국회라는 판은 그냥 조명이 비추는 무대일 뿐이고 극이 끝난 다음 배우들은 같은 직업을 가진 막역한 친구 사이로 확 변한다. 카메라 앞에서 멱살잡이하던 이들이 어깨동무하고 다녔다. 다는 아니지만, 대부분은 다음 선거에서 다시 당선되는 것이 목표다. 어떻게든 자신의 지역구를 위해 예산을 빼내거나 선심 공세를 펴야 한다. 그러려면 여든 야든 피차 간에 좋은 관계를 잘 유지해둬야 뒤에서 '딜'을 할 수 있다. 이른바 누이 좋고 매부 좋은 격이다. 그러니 청문회라는 무대 위에서도 솜방망이를 들고 '척'만 함으로서 '현직 불패'의 신화를 만들어내는 것이다.

'끼리끼리 동료의식'이 피차에게 이로운 쪽으로 작용한 것이라면 '반대를 위한 반대'는 자신들만의 집단이기주의가 배타적으로 작용한 것이라고 볼 수 있다. 출발점은 패배자로 전락한 피해 의식에서 비롯되었을 수도 있고 지역적 분위기 탓일 수도 있다. 무엇보다 어깃장을 놓거나 본때를 보여줌으로써 정국의 주도권을 쥐거나 신참 정권을 길들이자는 의도가 다분히 엿보인다. 진정 국가를, 국민을 위한다면 무조건 거부하거나 협치하자는 제안을 처음부터 뿌리치지 말아야 할 것이다. 사실 최근 여론조사 추이를 보면 그들의 태도는 전혀 국민의 공감대나 지지도 얻지 못하고 있지 않은가? 몽니를 부리는 그들이 다음 선거에서 어떤 논리를 내세우며 표를 달라고 할지 지켜볼 일이다.

죄는 본질적으로 이기심이고 이기심은 곧 죄다. 공동체를 위한 최상의 목적보다 자신을 앞세우는 것이니 말이다. 그것은 또한 자신의 이익만을 추구하는 오만이나 탐욕의 또 다른 이름이기도 하다. 루터는 교만과 이기심을 동의어로 사용한다. 그러므로 이기심은 불신앙이며 공동선을 추구하는 하나님의 뜻과 반대된다. 말세가 되면 사람들이 자기를 사랑한다고 했다. 이기심은 곧 자기를 사랑하는 행위이다. 모든 것을 자기중심적으로 생각하므로 정의롭지 못하다. 흔히 내로남불이라고 하는 일그러진 윤리적 잣대를 갖고서 자신의 행동을 정당화한다. 그러나 객관화되지 않은 저울이나 제도는 효력도 가치도 인정할 수 없다. 성경은 "의인은 없나니 하나도 없으며"(롬 3:10)라고 말한다. 사실 우리 가운데 깨끗한 이가 얼마나 되겠는가? 살면서 크고 작은 문제를 일으키거나 불법을 저질러보지 않은 이들이 얼마나 되겠는가? 예수는 "네 눈 속에서 들보를 빼어라. 그 후에야 밝히 보고 형제의 눈 속에서 티를 빼리라"(마 7:5)라고 하셨다.

국민으로부터 위임받은 권력이라고, 소속 정당을 대표한다고 상대의 뒷덜미를 붙잡고 늘어지거나 상대를 야단치는 게 청문회 위원들의 임무가 아니다. 고위공직자 후보로 나온 이들은 흠결은 있을지언정 범죄자는 아니다. 그들은 정부와 국가의 필요를 위해 부름 받은 나름 출중한 인물들이다. 국정농단 청문회에 나온 범인들과 착각하면 안 된다. 후보들에 대해 살펴봐야 할 건 그들의 위법이나 탈법이 실수인가 의도적인가, 또는 일회적인가 습관적인가 하는 것들이다. 무엇보다 과연 맡겨진 일을 제대로 할 만한 사람인가 아닌가에 더 큰 초점이 맞춰져야 한다. 고위공직자 인사청문회가 시작된 지 벌써 17년째가 된다. 이제는 수준과 격이 좀 달라져야 할 때도 되었다. 무조건적 거부나 과거의 치부 들추기식만으론 국민의 눈높이를 더 이상 맞출 수 없다. 그건 결국 스스로가 국민으로부터 외면당하는 걸 자초하는 일이다.

역사의 정리

　　　　　　　5·18 광주 민주화 운동 당시 헬기 사격 사건, 발포 명령 등에 대한 특별 조사가 실시된다고 한다. 늘 딴청 부리거나 어깃장을 놓던 야당조차 동의한 걸 보면 이번에야말로 비밀의 자물쇠가 풀릴 기회가 아닌가 싶다. 우리 현대사에서 돌이킬 수 없는 비극 5.18은 여전히 매듭을 짓지 못한 채 현재 진행형이다. 무고한 시민들을 향해 총을 쏴댄 발포 명령자는 오리무중이고 그 뒤 안에서 행해진 음습한 모의들은 국가기밀이라는 이름으로 가려져 있다. 총은 쐈는데 명령한 사람은 없다니. 게다가 아직도 한쪽에선 국가권력에 의해 희생된 시민들을 폭도요 간첩이요 용공 분자로 매도하며 이데올로기로 덧칠하고 있는 이들이 버젓이 있다. 혹은 그저 보혁의 대립이나 갈등 정도쯤으로나 인식하는 이들도 많다.

　사실 나는 그곳에서 있었던 일들에 대해 꽤 잘 알고 있다. 당시 팔팔한 대학생 신분이기도 했고 무엇보다 내 친구들, 내 아버지가 그곳에 계셨기 때문이다. 아버지는 막내아들이 젊은 혈기를 참지 못할까 봐 "절대 서울에서 내려오지 마라!"고 날마다 수화기를 붙들고 강부하셨다. 그러나 내 친구들은 한밤중에 만신창이가 된 몸으로 찾아와 울분을 토하며 진실을 알려줬다. 열흘이고 보름이고 걸어서 사지를 빠져나왔다는 그들의 피눈물 맺힌 증언에 나는 연신 "설마. 그럴 리가?" 하며 입을 다물지 못했다. 그건 그야말로 6.25나 월남전. 아니 영화에서나 있을 법한 일들 같았다. 도저히 상식적으로 믿어지지 않는 일들이었다. 친구들은 자신들의 증언을 의심하는 내게 핏대를 세우며 화를 내다 급기야 눈물을 콸콸 쏟거나 주저앉아 통곡하며 답답함을 호소했다.

후에 기자 생활을 하면서 조금 더 그 실체에 가깝게 접근할 수 있었다. 많은 선배들이 현장을 목격한 증인들이었다. 나는 진실이 궁금했지만 선배들은 그 일에 대해 얘기만 나오면 아무 말 없이 그냥 자리를 피해버렸다. 어쩌다 거나하게 술이 한 순배 들어가거나 할라치면 술집 이쪽저쪽을 살피다 조심스럽게 목소리를 낮추며 귓속말하듯 얘길 들려줬다. 어떤 선배들은 서랍 속에 꼭꼭 감춰뒀던 필름을 보여주기도 했다(하도 살벌한 시절이라 인화를 하지 않고 필름으로만 몰래 보관하고 있었다). 그들의 증언을 통해 난 희미하게나마 5.18. 그날의 진실에 더 가까이 다가갈 수 있었다.

당시 신군부에 의해 사형선고까지 받는 등 고초를 겪은 김대중 대통령은 후에 그들을 용서한다고 했다. 놀라웠다. 일반적인 상식을 뛰어넘는 대단한 분이라 여겨졌다. 원수를 사랑하라는 하나님의 말씀이 그의 마음을 움직였을 거라고도 생각됐다. 그러나 그의 용서는 정작 한풀이를 기대하고 있던 피해자들에게는 커다란 충격이 되었다. 반면 죄책감을 모르고 활개치던 가해자들에게는 면죄부를 주었다. 김대중 대통령에 대해서는 많은 공과가 있지만 나는 이를 '공'이 아닌 '과'로 보고 싶다. 사실 그건 문제 해결의 방법이 아니기 때문이다. 그건 문제의 실마리를 푸는 게 아니라 그냥 덮어버리는 것이다. 세월이 지나면서 보니 더더욱 그리 느껴졌다. 김대중이라는 개인은 피해자 가운데 한 사람이긴 하지만 모든 피해자를 대표하는 건 아니다. 그가 남의 아픔과 원망까지 참고 덮어버리라고 요구할 수는 없지 않은가?

제대로 정리되지 않는 역사는 되풀이된다. 일본 제국주의의 때를 씻어내지 못한 우리나라는 대를 이어 그 대가를 톡톡히 치르고 있다. 친일 반역자는 버젓이 국립묘지 한 자락을 차지하고 독립투사는 무연고 묘라는 이름으로 파헤쳐지는 게 우리의 현실이다. 친일의 후손들은 여전히 기름처럼 대한민국의 상층부를 맴돌며 단물을 빨아먹고 있다. 4.3사건의 아픔은 폭도로 매도된 숱한 가슴들에 생채기와 응어리만 골 깊게 새겨 놓은 채 여전히 아물지 않고 계속되고 있다. 세월이 약이라고? 천만의 말씀이다. 죄의 고백과 용서, 끊고 맺음이 분명하지 않으면 그 아픔은 치유되지 않는다. 뿐만 아니라 똑같은 비극이 언제든 재발할 수 있다. 마치 제대로 도려내지 못한 고름 덩어리가 다시 도지는 것처럼 말이다.

DJ의 용서는 대통령으로서, 정치 지도자로서 양는단의 화합을 위한 몸짓에 지나지 않는다. 박근혜의 위안부 문제 협상든 국민여론을 외면한 자신의 사견에 불과하다. 분별없고 이기적인 정치적 협상일 뿐이다.

피해자들에 대한 아픔을 들여다본 고민이나 흔적이 전혀 없다. 덕분에 지금도 가해자들은 여전히 거만하고 여전히 뻔뻔스럽다. 아니 오히려 "해줄 것 다 해줬기 때문에 더 이상 책임이 없다"고 큰소리 치고 있다. 그들이 언제 자신들의 죄를 고백한 적이 있었던가? 고백은커녕 드러난 자신들의 잘못조차도 부인하고 한술 더 떠 자신들의 행위를 미화함으로 피해자들의 상처를 후벼파고 있다. 가슴에 피멍 든 사람들은 숨죽이고 사는데 군홧발로 짓밟은 이들은 너무도 당당하고 떳떳하다. 그런데 다 해결되었으니 이젠 덮고 미래를 향해 함께 나가자고?

진정한 역사의 청산은 가해자의 인정과 고백이 선행되어야 한다. 그 것이 곧 새로운 시작의 출발점이다. 과거를 잊고 미래로? 말은 좋다. 그 런데 생각해보자. 그런 말은 누가 하는가? 피해자가? 당연히 가해자들이 하는 말이다. 그 말인즉슨 "그까짓 거 지난 일이니까 이제 다 잊어버리라"라고 암묵적으로 강요하는 것과 다를 바 없다. 얻어맞은 이가 때린 이에게 "이제 과거를 잊어버리세요!"라고 하지는 않는다. '미래지향적'이라는 단어의 의미에는 피해자의 또 다른 희생이 교묘하게 덤으로 추가돼있다. 과거에 대해 눈을 감은 채 미래로 나아갈 수는 없다.

혹자는 예수를 믿는 사람이 도량이 좁게 용서도 모르냐고 할 수도 있 겠다. 맞다. 예수는 용서의 대명사처럼 불리는 분이시다. "예수께서 이 르시되 네게 이르노니 일곱 번뿐 아니라 일곱 번을 일흔 번까지라도 할 지니라"(마 18:22). 일곱 번에 일흔 번이라면 사실상 무한히 용서하라는 말씀이다. 그런데, 조건이 있다. 그다음 비유 말씀 구절을 잘 살펴보자.

"네가 빌기에 내가 네 빚을 전부 탕감하여 주었거늘"(마 18:32). 피해자의 용서에 앞서서 가해자의 '비는 행위'가 있었다. 그 행위는 자신의 잘못을 스스로 인정하고 고백하는 것이다. 가해자가 아무 행동도 하지 않았는데 무조건 용서를 해주라는 건 아니다. 회개하지 않은 사람의 죄도 용서받을 수 있을까? 만일 그렇다면 회개가 무슨 의미가 있겠는가? 아무렇게나 살아도 다 천국에 갈 수 있겠다. 예수는 이렇게 말씀하셨다. "만일 네 형제가 죄를 범하거든 경고하고 회개하거든 용서하라"(눅 17:3). 여기에도 "회개하거든"이라는 조건이 붙는다. 가해자가 회개하지 않았는데도 용서한다면 그는 무감각하고 대범해져서 똑같은 죄를 다시 짓게 될 것이다. 또 용서해줄 테니까. 그건 용서가 아니다. 방임이다. 회개라는 말뜻은 가던 길에서 돌이켜 온다는 것이다. 뒤돌아서 오려면 걸음을 멈춰야 한다. 멈춘다는 것은 자신의 방향이 잘못되었음을 인정한다는 의미이다.

한 위안부 할머니는 방송에 나와 목이 메어 이렇게 말했다. "제발 저들이 자신들의 잘못만이라도 인정했으면 원이 없겠어요!" 그러나 그 할머니는 그들로부터 한마디 사과도 듣지 못하고 한 많은 삶을 마감하고 말았다. 5.18 희생자와 유족들은 한동안 빨강색 이데올로기를 덮어씌운 국가 권력에 의해 숨조차 쉬지 못하고 지냈다. 가족을 잃고 손발을 잃고 가슴엔 원이 가득 차 있는데 그들에게 누명을 씌운 국가는 '임을 위한 행진곡'이라는 노래를 부르니 못 부르니 엉뚱한 시비를 걸었다. 진정한 용서는 가해자가 자신의 죄과를 인정할 때 비로소 시작된다. 스스로

인정하지 않는다면 객관적 잣대를 들이대 가르쳐줄 필요가 있다. 그것
이 곧 정의이다. 부인하고 왜곡하고 자기 합리화를 하려 드는 이들은 자
신의 능력으로 문제의 실마리를 풀 수 없다. 그들에겐 물론 새로운 미래
도 기약할 수 없다. 청산되지 않은 역사는 되풀이된다. 이 글을 쓰는 지
금은 8월 29일. 마침 경술국치일이다.

@제주

또 다른 신_ 미투운동 1

봇물 터진 듯 걷잡을 수 없다. 정계, 문화예술계, 학
계, 종교계. 날마다 쏟아져 나오는 충격적인 미투me too 뉴스들로 정신을
못 차릴 지경이다. 배신감에 어이없어 분노하고 허탈하고 씁쓸하다. 이
념과 지식, 분야에 상관없이 성의 노예가 된 이른바 슈퍼 갑질의 주인공
들, 그들이 뽐내며 우아하게 자랑하던 성공의 자리는 알고 보니 쓰레기
더미 위 누각이요, 그야말로 회칠한 무덤이었다. 시도 때도 없이 터져
나오는 고백들로 인해 하도 충격을 받다 보니 마치 얻어맞다 넋이 나가
버린 링 위의 복서처럼 겁나고 혼미스럽다. 뉴스를 보려면 작심하고 마
음의 준비를 하던지 청심환이라도 삼켜야 할 판이다. 사실 터질 것이 터
졌고 당연한 권리선언이긴 한데. 참, 씁쓸하다. 도대체 우리 사회가 언
제부터 어쩌다 이 지경으로 온통 썩고 곪아 터져 있었을까? 어렴풋이나
마 짐작은 하고 있었지만 설마 이 정도일 줄은 몰랐다. 줄곧 "의인은 없
나니 하나도 없다"라는 말씀을 실감하며 사는 요즈음이다.

문제는 이 미투의 여파가 본래 의도와 다르게 어디로 어떻게 튈지 예
측 불가하다는 점이다. 자칫하면 거센 역풍을 맞을 수도 있고(실제 마녀

사냥이라고 매도하거나 조롱하고 희화화하는 움직임도 있다), 엉뚱한 이념논쟁으로 번질 수도 있고(이미 진보와 보수 정치세력들은 서로에게 덮어씌우기를 하며 비난하고 있다), 조작해서 무고한 사람을 파멸시키려는 도구로 악용될 수도(개인적 이익을 위해 이를 이용하는 이들도 등장했다) 있다. 급기야 죽음이라는 극단의 탈출구를 선택하는 가해자들마저 생겨나고 있다. 무엇보다 문제는 자신의 아픔이나 부끄러움을 감수하며 나선 피해자들이 오히려 매도당하거나 원인 제공을 한 양 역공세를 받고 있다는 점이다. 호시탐탐 먹이를 노리는 맹수처럼 익명의 그늘에 숨어 타인의 사생활 파헤치기, 비아냥거리기, 악성 댓글 달기를 즐기는 선수들이 얼마나 많던가? 가해자들이야 죗값을 받는 게 당연하지만, 내부의 잘못된 관습, 자신이 당한 아픔을 세상에 고발한 이들의 상처에 소금을 뿌리거나 또다시 후벼 파면 도대체 뭘 어쩌자는 건가?

일부에서는 이른바 펜스 룰_{Pence rule: 사실 빌리 그레이엄 목사가 제시했으므로 빌리 룰쯤이 맞겠다}을 언급한다. 쉽게 말해 여성을 멀리하자는 거다. 여성과 둘이서는 밥도 같이 안 먹고, 될 수 있는 대로 함께하는 자리를 갖지 않고, 웬만하면 그냥 부딪치지 않는 거다. 문제 발생을 원초적으로 차단하겠다는 의도이지만 여성을 적대적으로 보거나 대화나 업무 상대에서 제외하는 건 '구더기 무서워서 장 못 담그는' 격이다(하나님은 남자와 여자를 만드시면서 서로 파트너가 되라 하셨다). 또한, 문제의 원인을 근본적으로 해결하는 것도 아니고 외면할 뿐이므로 음성적으로 더 심각하게 곪아 터질 우려도 있다. 게다가 자칫 여성들은 또 다른 성차별을 당하게 될 수도 있다. 직장에서 여자를 뽑지 말자는 주장까지 나오는 판국이니 말이다.

사실 지금 우리가 겪고 있는 이 사회적 논란은 그동안 감춰져 있던 우리의 부끄러운 자화상이다. 지위를 이용해 당연한 권리인 양 억압하고, 다수는 관습으로 여겨 외면하거나 묵인하는 추악하고 더러운 우리 모두의 민낯이다. 말하자면 이는 개인의 일탈 행위를 넘어 사회적 가치체계에 관한 문제이다. 가진 자, 권력자, 높은 자들의 인성이나 윤리가 그들의 지위에 미치지 못하기 때문이고, 암묵적으로 그들을 방조해 온 사회적 묵계가 범죄를 양산하거나 지속시킨 배경이 되었다. 마치 습하고 음침한 곳에 뿌리내린 곰팡이처럼.

이러한 구조는 마치 맹신적 추종으로 집단적 범죄를 일으키는 사이비 종교의 시스템과도 흡사하다. 특히 핵심 추종자들이 하위 계층에게 희생을 강요하고 반민주적이며 암묵적인 규정을 지지하거나, 자신들의 행동을 대의를 위한 명분으로 포장하며 합리화하는 것은 전형적인 사이비 종교의 모습이다. 최근 미투를 고백한 이들이 공통으로 가해자를 일컬어 "그는 신이다"라고 말하는 걸 보면 이러한 진단이 빗나가지 않은 듯하다. 즉 우리 사회의 각 분야에는 우리 자신도 모르게 형성된 사이비 종교적 관습과 그 위에 군림하는 또 다른 신들이 있었다. 엄연히, 그리고 뻔뻔스럽게….

지금 드러난 치부는 겨우 빙산의 일각이고 이제 시작일 뿐이다. 차제에 음습하게 감추어진 부분들을 공론의 장으로 끄집어내 잘못된 관행이나 의식을 도려내는 '대변혁 운동'이 시작되었으면 좋겠다. 특히 문제의 근원이 사회의 가치체계에 대한 것이므로 우리의 근저에 뿌리 틀고 있는 전근대적 프레임들을 새롭게 바꾸는 획기적인 의식개혁운동(어감이 마음에 들지는 않지만)으로 발전된다면 더할 나위 없겠다. 우리는 그동안 정치, 사회, 경제 여러 분야에서 눈부신 발전을 거듭함으로써 외양으로는 분명 선진국의 면모를 갖췄다. 그러나 의식 수준은 아직도 절대 기대치에 못 미친다. 마치 양복 입고 갓을 쓴 것처럼 곳곳에 스며있는 가부장적 문화, 권위 의식, 남성 위주의 불평등한 유교적 질서와 치우친 성역할 등은 아직 저급한 수준에 머물러있다. 만일 미투가 우리 자신도 모르게 배어있는 이 같은 앙시앵 레짐ancien régime : 프랑스어로 '옛제도'를 의미하는 말이나, 일반적으로는 프랑스혁명 전의 '구제도'라는 특정개념으로 쓰인다. 의식의 종언을 고하는 새로운 운동movement의 기폭제로 작용한다면 지금 겪고 있는 이 사회적 홍역은 충분히 치를만한 가치가 있어 보인다. 이는 곧 촛불혁명의 민주주의를 탄생시킨 국민으로서 또 다른 탈피의 아픈 과정을 거침으로 진정한 의식 선진국으로 거듭나는 디딤돌이 될 수 있을 것이다.

위기는 항상 기회라는 옷을 입고 나타난다. 무엇보다 하나님을 섬기는 사람들은 주어진 상황과 환경을 통해 늘 하나님이 우리에게 무엇을 말씀하시는지를 살펴보아야 한다. 지금 우리가 직면한 문제의 핵심은 근본적으로 '인간의 평등 관계가 훼손된 상태에서 짐승처럼 욕망과 무절제, 힘의 논리가 작용해 일어난 현상'이라고 볼 수 있다. 하나님은 창세기 1장에서 남녀평등을, 2장에서는 상호보완성을 특히 강조하시며 둘이 하나 되어 선한 청지기로 하나님의 뜻을 이어나가는 임무를 우리에게 부여하셨다. 그런데 현실적으로는 그 평등의 가치가 잘 실현되지 않는다. 이에 대해 존 스토트는 "남자가 여자를 지배하려는 것은 창조로 인한 것이 아니라 타락으로 인한 것이다"라고 했다. 즉 우리의 지금 모습은 타락으로 인해 심각하게 훼손되거나 왜곡된 상태이다. 예수는 그렇게 타락으로 잃어버린 우리의 본디 모습을 보게 하시고, 억눌린 사회적 약자의 존엄성을 회복시켜주시고 평등의 가치를 알깨워주셨다. 다시 말해서 하나님이 그 아들을 통해 제시한 구속은 타락을 바로잡아주며 창조질서를 회복시키는 유일한 길이다. 그렇다면 지금 땅에 떨어진 우리의 인간성이 다시 회복되는 방법 또한 예수에게로 돌아가는 것이다. 타락한 본성으로는 아무리 이성적, 지성적 판단과 결정을 내려도 절대 근본 해결책을 제시할 수 없으므로.

@제주

또 다른 신_ 미투운동 2

미투 운동이 시작되자 나는 가장 먼저 기독교가 걱정됐다. 오랫동안 신앙생활을 해오면서 직, 간접적으로 경험한 바로는 그 어느 곳보다 교회에서 그런 일들이 자주 일어났기 때문이다. 그건 아마 일반 직장이나 공적 집단보다 사역자와 성도 간의 사적 만남이 잦을 뿐 아니라 영적 관계를 내세움으로 지시적이거나 상명하복 형태가 자연스레 형성된 분위기 탓일 것이다. 게다가 문제가 드러나더라도 '하나님의 종'이라는 높은 벽 앞에 부딪치면 대부분의 피해자는 스스로 먼저 포기를 하고 만다. 그렇게 문제가 감춰지거나 공론화되지 않음으로써 잘못된 사역자의 행동은 습관적으로 지속될 가능성이 커진다. 악성이 되는 것이다. 사실 미투 선언 이전에도 언론 보도 등을 통해서 우리는 그동안 성적으로 문제가 될 만한 목회자들이나 사건들을 자주 접했다. 특히 이단으로 빠지는 이들에게선 대부분 성 문제가 가시적으로 드러난다. 물론 정상적인 교회에서도 이는 자유롭지 않은 문제 중 하나다. 정확한 통계가 없어 잘 모르겠지만 우리 주변에는 생각보다 많은 사역자가 성 문제에 매달려 질질 끌려다니고 있다.

〈사례 1〉

수년 전 내가 살던 외국 도시에서 신문 사회면을 크게 장식한 충격적인 사건이 일어났다. 부끄럽게도 그건 한 한국인 이민교회에 관한 이야기였다. 더 정확히는 그 교회의 목사에 관한 얘기였다. 내용인즉 경찰이 신고를 받고 출동해보니 교회 사무실 안에 피투성이가 된 채 한 사람이 쓰러져있었다. 담임목사였다. 스스로 목숨을 끊으려 했던 그는 교인들에게 발견돼 가까스로 목숨을 건졌다. 그런데 경찰은 조사하다가 그의 사무실 안에서 수십 권의 도색잡지와 낯 뜨거운 영상물들을 발견했다. 성적 유혹을 못 이겼던 그는 목사로서 죄책감에 빠져 극단적인 선택을 시도한 것이다. 결국, 그는 도망치듯 그 도시를 떠났지만, 교회 성도들은 한동안 크나큰 충격에서 벗어나기 힘들었고 회의를 느끼거나 실망한 나머지 아예 교회에 발길을 끊은 이들마저 있었다.

〈사례 2〉

오래전 내가 잠시 섬기던 한 교회에선 이상한 일들이 일어났다. 주일 낮예배를 마치고 식사가 끝나면 오후 예배까지 휴식 시간 동안 많은 이들이 골방에서 목사로부터 소위 영적 진단을 받는다고 했다. 어느 날 열린 문틈으로 보니 사람들이 몇 명씩 길게 누워있었고 담임목사가 한 사람 한 사람 배를 만지며 "영적으로 문제가 있다"든가 "나중에 상담을 좀 해보자"든가 말했다. 목이나 어깨를 주무르며 병이 낫기를 기도해주기도 했다. 주변 사람들은 내게도 상담을 받아보라고 권했다. 하지만 나는 스스

로 별문제가 없다고 생각됐고 상담할 거리도 딱히 없었으므로 괜찮다고
했다. 무엇보다 몸 이곳저곳을 마구 만져대며 영적 진단을 한다는 자체가
정상적으로 보이지만은 않았다. 교인들은 목사님이 자상하게 상담도 해
주고 안마도 직접 해주니 참으로 고맙다고 했다. 언뜻 그럴듯했지만 꺼림
칙했다. 성경에도 저런 장면들이 나왔었나? 혼자서 한동안 갈등하고 고민
하지 않을 수 없었다(내가 교회를 떠난 얼마 후 그 목사가 이혼했다는 소문을
들었다. 성품도 좋고 교계에서도 제법 명망이 높던 그의 이혼 사유는 교회에서
내가 본 모습들과 무관하지 않은 듯했다).

〈사례 3〉

이번 미투 운동을 통해 알려진 사연 중 가장 가슴 아프고 안타까웠던 건
아프리카 수단에서 선교사로 신부와 함께 봉사했던 한 여성의 이야기였
다. 우리에게도 잘 알려진 고 이태석 신부의 헌신을 이어가고 있는 그 선
교지에서 그녀는 한 신부로부터 지속적으로 성폭행을 당했다고 했다. 기
자가 그녀에게 물었다. "바로 옆방에 현지 원주민들도 있었으니까 소리를
치거나 도움을 구하면 되지 않았을까요?" 그러자 그녀가 대답했다. "그
럼 선교는 어떻게 하라고요!" 그녀는 자신보다도 수년 동안 수많은 이들
이 피와 땀과 눈물로 일궈낸 그 선교의 열매가 떨어져 버릴까 봐 그걸 먼
저 걱정했다. 결국, 자신을 희생하는 길을 택할 수밖에 없었다. 짐승 같은
신부는 그녀의 그 순수한 신앙의 열정을 역으로 이용해 자신의 욕망을 채
웠다. 뉴스를 보다가 가슴이 먹먹해졌다. 예수는 그녀를 보시면서 얼마나

가슴 아프셨을까.

사역자의 성적 타락은 어제오늘 얘기도 아니고 우리나라만의 문제도 아니다. 최근 뛰어난 신학자로 존경받던 목사인 요더(John H. Yoder)의 성적 일탈 행위에 대한 보고서까지 나온 걸 보면 성 문제는 신앙이나 학문, 도덕적 수준을 뛰어넘어 다른 무엇보다도 강력하고 폭발적인 파괴력을 갖고 있어 보인다. 그건 한 인간이 타락한 본성, 즉 죄의 지배를 받고 있다는 증거이기도 하므로 그가 이룬 업적이나 사역, 사상마저 의심스럽게 한다. 즉 아무리 신학자입네, 사역자입네 자신을 내세워도 단지 외형일 뿐이고 실은 그 속에 또 다른 신을 섬기고 있음을 보여주는 것이다. 그것은 다름 아닌 음란의 죄로 '육체적 음란'일 뿐만 아니라 하나님이 아닌 다른 신(정욕+탐심)을 섬기는 '영적 음란'이기도 하다. 그런가 하면 한편으로는 여성을 평등의 시각이 아닌 차별의 시선으로 내리보는 것이므로 '무례하고 교만한 죄'이기도 하다.

성경은 우리에게 이렇게 경고한다. "그러므로 땅에 있는 지체를 죽이라 곧 음란과 부정과 사욕과 악한 정욕과 탐심이니 탐심은 우상 숭배니라 이것들로 말미암아 하나님의 진노가 임하느니라"(골 3:5~6). "무례하고 교만한 자를 이름하여 망령된 자라 하나니"(잠 21:24).

또한, 사역은 섬김(diakonia)이다. 당연히 모든 그리스도인은 섬기는 자가 되어야 한다. 그런데 사역자가 위계에 의해 상대를 억누르는 행동은 섬김과 정반대인 억압이나 능욕행위이다. 예수의 가르침에 정면으로 도전

하는 것이다. 자신의 열락을 우선으로 여기며 "쾌락을 사랑하기를 하나
님 사랑하는 것보다 더하며 경건의 능력은 있으나 경건의 능력은 부인
하는 자"(딤후 3:5)이다. 존 스토트John Stot 는 모든 성적 일탈 행위를 동성
애와 동급으로 취급했다. 그는 "하나님의 계시된 의도에서 벗어나는 모
든 성적 관계와 활동은 하나님을 화나게 하며 그분의 심판 아래 놓인다"
라고 말했다. 누구보다도 거룩의 모범을 보여야 할 이들이 성폭력이나
추행, 음행에 자신을 노출한다면 하나님을 화나게 하고 심판을 면치 못
할 것이다. 그런 이들에게 어떻게 양 떼를 맡길 수 있겠는가?

길더George F. Gilder 는 《남자와 결혼》이라는 책에서 "남자들은 결혼과 가
정의 훈련으로 길들어야 하는 성적 야만인"이라고 묘사했다. 전적으로
동의하는 바는 아니지만 공교롭게 이번 미투 홍수를 통해서 살펴볼 수
있는 특징 중 하나는 가해자들의 상당수가 가정적으로 문제가 있음이
드러났다는 점이다. 가정 안에서 정상적으로 훈련되거나 해결되지 못한
성적 불만이 엉뚱하게도 다른 이들을 향해 야만적으로 돌발된 것이다.
길더의 관점에서 보면 아무리 뛰어난 사역자라도 결혼과 가정의 훈련으
로 길들지 않는다면 성적 야만인에 불과하므로 언제든지 미투의 잠재
대상이 될 거라 여길 수도 있겠다. 너무 나가는 건가. 그러나 성경은 말
한다. "사람이 자기 집을 다스릴 줄 알지 못하면 어찌 하나님의 교회를
돌보리요"(딤전 3:5).

뱃속이 검은 사람

미국에서 잘 아는 젊은 친구들이 찾아왔다. 함께 저녁 식사를 하면서 대화를 나누다 뜻하지 않게 정치 얘기로 화제가 옮겨갔다. 나더러 미국 대통령 후보로 누구를 지지하느냐고 물었다. 사실 웬만해서는 정치적 언급은 잘 않는 것이 그들의 특성인지라 의외였다. 나는 "그럴 리는 없겠지만 만에 하나 트럼프가 된다면 미국은 물론 한국이나 전 세계에 재앙disaster이 될 거"라고 대답했다. 다행히 그들도 반색하며 내 의견에 동조했다. 그런 인물이 미국의 대통령어 오른다면 자신들도 미국인으로서 몹시 수치스러울 거라고 했다.

투표 전날 마침 미국에 있는 누님과 통화를 할 기회가 있었다. 누굴 찍을 거냐고 물었더니 자신은 트럼프를 지지하는데 미국인인 매형은 클린턴을 지지한다고 했다. 깜짝 놀라서 왜 트럼프를 찍느냐고 되물었다. 그랬더니 클린턴보다는 더 성경적이기 때문이라 했다. 낙태 문제나 동성애 문제 등에 대해 트럼프는 훨씬 더 보수적이라 성경적 가치를 다시 세워줄 거라고 기대한다는 것이다. 그래서 자신은 물론 함께 신학대학에 근무하는 직원들까지도 모두 트럼프를 위한 기도회를 매일 열고 있다고 했다. 누나가 거주하는 지역은 미국 내에서도 보수적 색채가 강하고 백인 우월주의가 팽배한 곳이다. 예민한 도덕적 문제 등에 대해 진보적인 클린턴보다 차선을 선택한 것이라 생각됐다.

결국, 미국은 트럼프라는 어릿광대clown: 내 주관적 표현이 아니라 미국 언론들의 묘사의 손을 들어줬다. 표심을 분석한 결과가 눈에 띄었다. 백인 복음주의자의 81%가 트럼프에게 몰표를 던졌다는 것이다. 아슬아슬한 박빙의 다툼 가운데서 결정적으로 판세를 움직인 건 단합된 미국 기독교인들이었다. 하지만 트럼프란 인물을 잘 살펴보면 그는 최근 미국의 대통령 중 가장 비기독교적이고 반기독교적인 사람이 아닌지 의심스럽다. 그는 자신을 장로교인이며 '성경을 사랑하는 사람'이라고 말했다. 하지만 가장 좋아하는 성경 구절을 묻는 말에 "눈에는 눈, 이에는 이"라고 대답했다고 한다. 한 기자는 트럼프다운 답변이긴 한데 그 의미조차 잘 모르더라고 지적했다. 그의 기행이나 막말, 성추행 전력 등으로 미뤄보면 그가 과연 제대로 된 기독교 신앙을 가진 건지 고개를 갸우뚱하게 된다. 신학자인 짐 월리스는 트럼프를 뽑은 기독교인들을 향해 "돈·섹스·권력을 찬양한 가장 부끄러운 남자에게 그들의 영혼을 팔았다"고 비난했다. 선거기간 동안 줄곧 침묵을 지킨 대형 교회 백인 목사들에게도 일갈했다. "트럼프의 인종차별적 정치 앞에 침묵한 백인 목사들은 도덕적 신뢰성을 잃어버렸다"는 것이다.

미국 언론은 사실 언행이나 생활 태도를 놓고 비교해 보자면 힐러리 클린턴이 훨씬 더 기독교적이라고 했다. 그녀는 감리교인이고 늘 기도

하는 아버지를 보고 자랐으며 기독교적 가치관을 중요하게 여기며 산다고 고백했다. 지금도 새벽 5시면 자리에서 일어나 기도로 하루를 시작할 정도로 믿음을 최우선으로 여기며 산다고도 말했다. 또 청소년기부터 돈 존스 목사를 멘토로 섬겼는데 남편이 르윈스키 스캔들에 연루되었을 때도 존스 목사가 곁에서 신앙으로 그녀를 다시 일으켜 세워 어두운 골짜기에서 벗어날 수 있었다고 토로했다. 주위 사람들 또한 하나같이 그녀가 실생활 가운데서도 믿음을 실천하는 사람이라고 말했다고 한다. 그럼에도 트럼프가 기독교인들의 절대적 지지를 받은 건 오바마 정부에서 이뤄진 동성결혼 합법화, 임신 중절 문제 등이 결정적이었던 것으로 분석된다. 즉 종교적으로 예민한 문제들에 대한 오바마의 정책에 대한 반발이 트럼프를 대통령으로 만든 원인 중 하나로 작용한 것이다. 여기에 클린턴 자신의 문제로 드러난 부정직함, 교활함, 냉혹함 등이 복음주의 기독교인들이 돌아선 또 다른 요인이 아니었나 싶다. 미국의 선거 결과를 보면 민주주의 사회에서 선거라는 제도가 가진 한계를 다시 한 번 실감하지 않을 수 없다. 대의정치와 다수결 결정이 유도하는 제한적 선택의 시스템, 결국은 '모 아니면 도', '최악 아니면 차악'의 양자택일을 강요당할 수밖에 없으니 말이다.

내가 트럼프를 처음 본 건 수년 전 캐나다 TV에서였다. 거실에서 아들 녀석이 만면에 미소를 띤 채 히죽거리면서 화면에 집중하고 있었다. 무슨 재미있는 프로인가 하여 곁에서 지켜보자니 나이도 제법 지긋한 양반이 황당하고 신랄하게 막말을 해대고 있었다. "도대체 저 사람 누구냐?"고 물었더니 트럼프라고 했다. 부동산 재벌이라는 그의 이름이야 익히 알고 있던 터라 의외였다. 백만장자인 그가 왜 TV에 나와서 말도 안 되는 소리를 지껄이며 코미디언처럼 우스꽝스러운 행동을 하는지. 이후로도 TV 채널을 돌릴 때마다 그와 자주 마주쳤다. 워낙 유난스러운 외모에 독특한 표정이 눈에 띄었기 때문이다. 어설픈 광대 같기만 하던 그가 이제 세계의 경찰국가라는 미국의 지휘봉을 잡게 됐다. 그리고 전 세계는 트럼프 충격에 빠져 있다. 그는 도대체 어디로 튈지 모른다. 선거 유세 과정에서도 상식을 벗어난 행동이나 말을 하고 별난 공약들을 내걸었다. 이민자 추방, 멕시코 국경 장벽 설치, 무슬림 입국 금지, 친환경 반대 정책 등등. 여기에 끊임없는 성 추문까지. 이제 대통령이 된 마당에 TV 토크쇼에서처럼 경망스럽게 행동하지야 않겠지만 못내 미덥지 않은 건 나만의 느낌이 아닐 것이다.

중국에 후흑학厚黑學이라는 말이 있다. 청나라 말기에 이종오李宗五라는 인물이 주장해 큰 반향을 불러일으킨 학설로 '얼굴이 두껍고 뱃속이 시커먼 사람'일수록 출세하고 성공한다는 것이다. 이종오는 하, 은, 주 시대 이후 지금까지 중국 역사를 장식했던 인물들을 보면 하나같이 뻔뻔하고 뱃속이 검은 사람들이라고 했다. 후라는 것은 후안厚顔, 낯가죽이 두껍다는 뜻이고 흑심黑心은 말 그대로 뱃속이 새까매서 염치가 없는 걸 말한다. 즉 후안무치한 사람을 일컫는다. 그는 조조와 유비를 후흑의 관점에서 해석하고 유방이 어떻게 성공했는지, 항우는 왜 실패했는지를 분석하며 자신의 이론을 증명한다. 후흑은 요즘 우리에게도 물론 적용

된다. 나라를 사적으로 다스리거나 수단으로 이용하다 들통나자 거짓말을 해대던 대통령들이나 그 하수인으로 전락한 관료들, 그리고 시녀 역할을 하고서도 모르쇠로 일관한 대기업 총수들. 그리고 말 바꾸기에 능한 정치인들의 뻔뻔한 행태 등을 보면 최소한 어느 쿨야에서나 리더가 되기 위해선 후안과 흑심을 기본 소양으로 갖춰야 할 것으로 보인다.

사실 세상은 후흑이 성공을 위한 기본 가치가 된 지 오래다. 아니 원래 그렇다. 그래서 성경은 "세상이 악한 자 안에 처해있다"(요일 5:19)라고 말한다. 특히 마지막 때가 되면 공중권세 잡은 자가 발흥한다고도 했다. 예레미야 선지자는 이러한 세상이 퍽이나 못마땅했던 모양이다. "내가 주께 질문하옵나니 악한 자의 길이 형통하며 반역한 자가 다 평안함은 무슨 까닭이니이까"(렘 12:1)라고 대놓고 따진다. 당시에도 여전히 성공하는 삶을 살기 위해선 후흑이 기본이었던 모양이다. 그러나 성경은 그런 자들에 대해 분내거나 불평하거나 부러워하지 말라고 한다. 그 이유는 "그들은 풀과 같이 속히 베임을 당할 것이며 푸른 채소같이 쇠잔할 것임"(시 37:2)이기 때문이다. 오히려 자칫 잘못하다간 '악'을 만들 수도 있다고 경고한다. 누구나 다 출세하고 성공하고 싶어 한다. 세상에 발 딛고 사는 한 우리에게도 그런 유혹은 늘 계속될 것이다. 시편 기자마저도 "악인의 형통함을 보고 오만한 자를 질투하였음"(시 73:3)으로 인해 자신이 실족할 뻔했다고 고백하고 있지 않은가? 바울 사도는 "만일 그리스도 안에서 우리가 바라는 것이 다만 이 세상의 삶뿐이면 모든 사람 가운데 우리가 더욱 불쌍한 자"(고전 15:19)라고 했다. 우리는 땅에서 사는 하늘나라 사람들이다. 세상에 맞춰져 있는 우리의 초점을 하나님께로 돌릴 때에야 비로소 후흑의 유혹을 극복할 수 있을 것이다.

"이 세상이나 세상에 있는 것들을 사랑하지 말라 누구든지 세상을 사랑하면 아버지의 사랑이 그 안에 있지 아니하니 이는 세상에 있는 모든 것이 육신의 정욕과 안목의 정욕과 이생의 자랑이니 다 아버지께부터 온 것이 아니요 세상으로부터 온 것이라"(요일 2:15~16).

@제주

복면 세상, 같은 복면 다른 의미

　　80년대 민주화 시위가 한창일 무렵 잠시 지방 주재 기자 생활을 하던 때 일이다. 한 대학에 취재할 일이 있어 들어가려는데 마침 시위대가 교문 앞에서 경찰과 대치하고 있었다 가끔 돌멩이도 날아와 진압경찰이 취재차량을 막아섰다. 워낙 데모와는 거리가 먼 대학인지라 서울에 있는 한 여자대학 학생회에서 면도날을 소포로 보내기까지 하던 학교다(그 의미를 알 수 있기를). 기삿거리가 하나 생겼다 싶어 기대하며 경찰 지휘관을 힐끔 보니 안면이 있는 얼굴이었다. "그는 금방 끝날 겁니다."라고 했다. 자신 있게 말하는 품새가 짐짓 의아스러웠다. 그런데 5분도 안 돼 그 이유를 알게 됐다. 그가 진압대 앞으로 나가서더니 핸드마이크를 들고 "야! ××야! 이놈의 짜식 공부는 안 하고. 너 집에 들어가 혼나지 말고 빨리 안 들어갈래?", "○○이 네 이놈, 네 아버지한테 다 이른다!" 말이 끝나자마자 몇 명 안 되는 시위대는 슬그머니 뒷걸음질하기 시작했다. 어이없고 낯선 장면이었다. 지휘관은 미소를 지으며 말했다. "제가 저놈 작은 아버지예요. 그 곁에서 선동하는 녀석은 제 친구 아들이고요."

이제 그런 해프닝이 없을 것 같다. 언제부터인가 시위대가 얼굴을 가리기 시작했기 때문이다. 복면이나 마스크로 얼굴을 감춘 시위꾼들은 신분을 숨길 수 있으므로 더욱 대범해진다. 더 강력하고 원색적인 주장을 펴기도 하고 무기를 들고 격렬하게 싸우기도 한다. 그런가하면 비슷하지만 수세적인 목적으로 복면을 쓰는 이들도 있다. 부당한 노동행위나 개인의 희생을 강요하는 회사, 단체를 사회에 고발하거나 저항할 때 사진채증으로 인한 보복을 피하기 위함이다. 최근에는 죄를 짓고 검찰청이나 법정에 들어서는 이들도 한결같이 모자나 선글라스, 마스크로 최대한 얼굴을 가리는 걸 볼 수 있다. 얼굴을 가림으로서 자신을 잘 알아보지 못하게 하거나 창피를 면하려함일 게다. 그러나 그건 달리 보면 스스로 부끄러운 일을 했다는 표식이기도 하다. 떳떳하다면 왜 스스로를 감추려 하겠는가?

눈과 입만 내놓는 복면을 발라크라바balaclava라 한다. 옛 러시아의 지명이다. 19세기말 크리미아 전쟁에 나선 영국군이 북국의 혹한에 맞서기 위해 썼던 데서 유래되었다고 한다. 요즘은 대 테러작전을 하는 특공대가 주로 쓰는데 테러범들에게는 심리적 위축감을 주는 반면 특공대원들의 신변을 보호하는 역할도 한다. 남미에서는 한 특수부대원이 이 복면을 안 쓰고 마약조직 소탕에 나섰다가 나중에 얼굴을 알아본 조직원들에 의해 피살당한 사건이 있었다고도 한다. 그러고 보면 복면이란 게 생각보다 훨씬 다양한 목적과 큰 효과를 지니는 것 같다.

복면의 사전적 정의는 얼굴을 감추는 도구, 모양을 위장하는 수단이다. 사실 복면이라는 자체는 별로 좋은 느낌으로 받아들여지지 않는다. 복면강도라든가 도둑이라든가 부정적 이미지가 우선 연상되기 때문이다. 밤길에는 복면이 아니라 마스크를 뒤집어쓴 사람만 봐도 왠지 섬뜩하다. 얼마 전에는 국회에서 복면시위금지법이 발의되기도 했다. 그러나 내 개인적으론 자유로운 시위 문화를 제한한다는 점, 표현의 자유를 저해한다는 측면에서 과도하고 무리한 법이 아닐까 생각된다.

  마침 요즘 한 TV 방송에서는 '복면가왕'이란 프로그램이 인기다. 복면을 쓴 출연자들끼리 노래 대결을 벌이고 방청객들이 점수를 매겨 가왕에 오르는 이를 뽑는다. 탈락하는 사람은 복면을 벗게 되는데 여기에 흥미진진한 반전이 있다. 출연자들 가운데는 가수들도 있지만 배우나 운동선수, 개그맨, 아나운서 등 전혀 예측하기 어려운 각계 유명인사들이 등장하기 때문이다. 이 경우 복면은 그들에게 부착된 고정 이미지에서 벗어나기 위한 수단이 된다. 출연자들은 복면이라는 가리개 뒤에 숨어 드러나지 않은 자신의 진가를 보여주기 위해 최선을 다하며 진지한 모습을 보여준다. 복면으로 인해 그들은 자신이 평소 대중들에게 각인된 이미지에서 벗어나 본디의 참모습을 찾게 되는 것이다. 물론 청중이나 시청자 또한 자기 자신도 모르게 상대에 대해 형성돼 있던 고정된 선입관이나 편견에서 벗어나 놀라고 감동하게 된다. 복면이 주는 긍정적인 측면이다.

  파푸아뉴기니의 한 부족은 전쟁할 때 복면을 쓰고 나간다고 한다. 흙으로 만든 복면은 무게가 무려 4~5kg이나 나가는 것으로 흉측한 귀신 모양을 하고 있다. 사실 그 무거운 것을 머리에 쓰고 싸우기란 쉽지 않겠지만 이를 고집하는 것은 복면이 가진 위력 때문이다. 귀신 모양의 복면을 쓰고 숲속에서 갑자기 불쑥 뛰쳐나가면 상대는 겁에 질려 싸워보지도 못하고 도망치기 마련이라는 거다. 즉 복면은 원주민들에겐 자신감과 믿음을 주는 도구이지만 반면 적들에겐 두려움과 공포를 안겨주는 역할을 하는 일종의 심리적 무기였던 셈이다.

희랍어의 프로소폰$_{προσωπον}$이라는 뜻은 연극배우가 극 중에서 사용하는 가면이나 그가 담당하는 역할, 얼굴 등을 말한다. 구약성경 속에서 하나님이 활동하는 모습을 다양하게 설명하기 위해 쓰이기도 했고 변화산 상에서 예수 그리스도의 특별한 모습을 설명하는 데도 사용되었다. 여기에서 착안했는지 모르지만 사벨리우스Sabellius라는 초기 기독교 신학자는 삼위일체를 설명하면서 하나님은 한 분이신데 세 개의 얼굴을 갖고 있고 세 가지 역할을 한다고 하면서 이 프로소폰을 언급했다. 한 분 하나님이 세 가지 프로소폰을 갖고 가면을 바꿔가면서 세 번 나타나는 형태라는 것이다. 양태론이라고 불리는 그의 주장은 성부, 성자, 성령, 세 인격체의 독립성을 부정한 데다 앞뒤가 맞지 않아 이단으로 규정됐다.

흔히 인생은 연극이라고들 한다. 그렇다면 지금 우리가 살아가는 이 세상은 거대한 연극무대이고 우리는 그 위에서 연기하는 배우라고 할 수 있겠다. 짜인 각본은 없지만, 삶이 곧 연기이고 연기가 곧 삶이다. 이미 우리에겐 자기도 모르게 뒤집어쓰고 있는 보이지 않는 자신만의 복면이 있다. 이른바 페르소나이다. 즉 자신도 모르는 다중적 이미지이다.

페르소나는 다름 아닌 프로소폰의 라틴어식 어휘이다. 인생이라는 무대 위에서 어떤 이는 자신의 모습을 숨기고 위장하기 위해, 어떤 이는 자신의 참모습을 찾기 위해, 또 어떤 이는 자신을 과장하고 상대를 겁주기 위해 복면을 뒤집어쓴다. 하나가 아니라 몇 개씩을 바꿔가며 쓰기도 한다. 그러다 보면 어느새 자신만의 인격으로 정착되어 가게 된다. 프로소폰이라는 뜻 가운데 인격이라는 의미가 포함된 것도 이 때문일 것이다. 즉 어떤 복면을 쓰든지 그 역할에 충실하다 보면 그 복면 속의 캐릭터로 고정화 된다. 그리고 이는 결국 복합적인 자기의 페르소나가 되어버리는 것이다.

그리스도인에겐 하나님을 영화롭게 해드리고, 그분을 기쁘게 해드리라는 공통 주제가 주어져 있다. 그런데 복면을 쓴 캐릭터 역할에 너무 열중하다 보면 정작 가장 중요한 그 주제를 놓치기 일쑤다. 아니 아예 뭘 해야 하는지 모를 때도 많다. 주제는 잊어버리고 마치 무대에서 절대 내려오지 않을 것처럼 행동하기도 한다. 말 그대로 주제 파악을 못하고 캐릭터 속에 스스로 녹아들어 엉뚱한 짓만 하다 마는 것이다. 어떤 복면을 쓰고 연기를 하든지 어떤 상황 속에 놓여 있든지 간에 그 역할은 꼭 주어진 주제에 초점이 맞춰져 있어야 한다. 그것이 연기의 포인트이자 심사 평가 기준이다. 즉 모든 배우는 감독의 페르소나가 되어야 한다.

문득 지금 나는 몇 번째 막, 몇 장을 연기하고 있을까 생각해본다. 주어진 주제는 잘 표현하고 있을까? 연극의 끝이 언제일지는 모르지만, 막이 내릴 때가 점점 가까워져 가고 있음은 어렴풋이 짐작할 수 있다. 내

아버지도, 그 위의 아버지도, 또 그 위의 아버지도, 아쉬움 가운데 다 그렇게 무대 뒤로 내려갔음을 잘 알고 있다. 그들처럼 나도 때가 되면 무대 계단을 내려가 감독이자 연출자이자 심사위원이신 그분 앞에 조마조마한 마음으로 서게 될 것이다. 그때 그분은 어떤 평가를 하실까? 박수를 치실까? 호통을 치실까?

@제주

육지 것과 섬 것

　　　　　　　마을에서 가깝게 지내는 분이 어느 날 씩씩거리며 찾아왔다.

　"글쎄 A가 이럴 수 있는 거요? 내가 버젓이 있는데도 지들끼리 얘기 하면서 '육지 것들'이 어쩌구, 저쩌구……"

　그가 말하는 A는 나도 잘 아는 40대 청년(?)이다. 마을 안에 몇 안 되는 그리스도인이기도 하다. 새벽부터 종일 밭에 나가 일하며 열심히 사는 성실한 친구라 나도 호감을 갖고 있는 이다. 그런데 그가 그런 식으로 비아냥거렸단다. 요즘 제주도 곳곳에서 '육지 것'과 '섬 것'의 갈등이 빚어지고 있다. 하루 평균 40여 명이 이주할 정도로 저 주도는 이미 육지 사람들의 선망의 땅이 되었다. 30여 년 전 내가 제주주재 기자를 자원했을 때 선배들은 하나같이 "네가 말이냐? 말이냐 가는 데를 왜 가려고 하느냐?"고 말렸다. 나는 결국 선배들의 조언대로 회사 중역들과 1년 파견 조건으로 이 낯선 땅에 내려왔었다. 당시를 생각하면 격세지감이 든다.

　사실 잠깐 왔다가 가는 인생에서 어디가 고향이고, 출신지가 어디인지가 무슨 중요한 일일까만 우리네 정서는 늘 그런 걸 따지려 든다. 대한민국 국민에게 지역차별은 항상 갈등의 중심에 똬리를 틀고 있다. 감자 바우, 멍청도, 문둥이, 개똥쇠 등 출신지역과 관련한 비하적 표현은 이 땅에서 태어난 누군가는 꼭 져야 할 등짐이 된지 오래다. 또한 선거철만 되면 마치 군사분계선처럼 그어지는 색깔의 분포도는 이 땅의 슬픈 숙명이 되다시피 하였다. 그런 문제 때문인지 요즘은 이력서에도 출신지역을 기입하지 않는다고 한다. 하지만 어느 집단이나 조직에서건 꼭 그걸 따지고 캐묻는 이들이 있다. 최근에는 많은 외국인들까지 이주해 살게 되면서 다문화라는 이름으로 갈등과 차별의 가지가 오히려 한 가닥 더 늘어났다. 그 뿐인가? 최근에는 성차별을 넘어 남성혐오니 여성혐오니 격한 성 대립 현상까지 등장했으니 차별도 진화를 하는 게 아닌가 싶다.

영어에 chinky eyes라는 표현이 있다. chinky라는 단어는 가늘게 찢어진 틈 같은 것을 말하는데 동양인들의 눈이 그렇다고 하여 비하하여 부르는 표현이다. 서양 사람들은 동양인들의 외모적 특성이 가늘게 찢어져 끝이 올라가는 눈매에 있다고 묘사한다. 예전에 캐나다에서 지낼 때 아주 가깝게 지내던 서양 친구가 있었다. 덩치가 산만큼이나 큰 그와 커피숍에서 까다로운 주문(뭐가 그리 까다롭고 복잡한지)을 마치고 돌아서려는데 언뜻 chinky라는 단어가 귀에 들려왔다. 매장 직원들끼리 나누는 대화에서였다. 당연히 chinky는 나를 일컫는 말이었다. 갑자기 내 친구 녀석이 뒤돌아서더니 직원에게 삿대질을 하며 따졌다. 기세에 놀라 직원은 얼른 사과했지만 나는 사실 그 단어가 그렇게 내 친구를 흥분시킬 정도로 비속적인 단어인 줄은 몰랐다. 그냥 동양인들을 일컫는 정도로만 알고 있었다. 그때 그 친구가 직원들에게 대들면서 한 표현이 참 걸작이었다. "이 친구는 눈이 안 찢어졌잖아! 당신들처럼 눈이 동그랗고 크잖아!" 그는 엄지와 검지 손가락으로 커다란 동그라미를 그려 보이고 있었다.

캐나다에서는 인종차별이 큰 범죄 중 하나이다. 본디 다민족 국가이기 때문이다. 같은 뿌리를 갖고 있지만 캐나다는 미국과 비교하면 이주민이나 외국인들에게 훨씬 관대하고 너그럽다. 캐나다 사회는 이른바 멀티 컬처multi culture : 복합문화, 세계 각국의 문화를 흥미로운 대상으로 받아들이는 문화적 조류. '퓨전'. '크로스오버' 등과 비슷한 개념으로도 쓰인다.로 불린다. 각기 다른 이민자들의 문화를 존중하고 오히려 그들의 고유문화를 권장함으로서 다양한 스펙트럼을 드러내도록 하기 때문이다. 반면에 미국은 멜팅 포트melting pot : 여러 인종이나 문화, 민족 등이 융합한 도시나 지역라 일컫는다. 여러 이민자들의 문화를 한 솥에 끓여 미국이라는 통일된 문화로 만들어내는 것이다. 그것이 이웃한 이 두 나라의 큰 차이점이다. 그럼에도 불구하고 캐나다에서도 인종 혐오적 범죄들이 심심치 않게 뉴스에 등장하곤 한다. 최근에는 중국인들이 부동산 투자에 나서면서 집값이 폭등하자 외국인들의 부동산 취득 규제법 마련 움직임마저 있다. 정작 주인인 캐나다인들이 가격이 폭등한 집을 살 수 없거나 비싼 임대료 탓에 외곽으로 밀려나기 때문이다.

경험에 비춰보면 미국에서는 인종차별이 한층 노골적이었다. 특히 자동차로 미국 국경을 넘나들 땐 국경 검문소 직원이 위, 아래를 훑어보며 범인 취급을 하는 경우가 다반사였다. "너 무슨 목적으로 오는 거야?", "돈은 얼마나 있어?", "얼마동안이나 머무를 거야?……" 그런 질문들이 패턴처럼 정해져 있어서 한 번은 검문소에 들어서자마자 그냥 속사포로 미리 다 답변을 해버렸다. 한참을 노려보던 세관직원이 갑자기 "묻는 말에만 대답해!"라고 버럭 소리를 질렀다. 당황스러웠다. 그런데 몇 달이나 지나서야 그들이 특히 한국인들에 대한 편견을 가질 수밖에 없다는 사실을 이해하게 되었다. 어느 날 TV 뉴스를 보니 많은 한국인들이 경찰에 붙잡혀가는 장면이 나왔다. 기자는 그들이 미국에 불법입국하려다 붙잡혔다고 했다. 부끄럽게도 미국에 불법 취업하기 위해 수단과 방법을 가리지 않고 국경을 넘나드는 한국인들이 매년 적지 않게 적발된다. 캐나다는 한국인들에겐 이른바 no visa 국가이므로 많은 이들이 그렇게 미국과의 국경을 기웃거리고 있었다.

성경에도 출신지나 성분을 따지며 비하하는 일들이 많이 등장한다. 누구보다도 예수님께서 그런 취급을 많이 당하셨다. 예수님의 고향 갈릴리는 원래 납달리 지파에게 주어졌다(대상 6:76). 그러나 그들은 가나안 족속을 제거하지 못하고 함께 거주함으로(삿 1:33) 혈통의 순수성이 훼손됐다. 게다가 이 지역은 변방이라 역사적으로 이방인들의 침략(대하 15:20, 29)이 잦아 이방 풍속과 언어들도 뒤섞이게 되었다. 그래서 선지자 이사야 또한 '이방의 갈릴리'Galilee of the Gentiles, 사 9:1, 마 4:15라 불렀고 자신들의 순수성을 주장하는 유대인들은 그런 곳에서 태어나신 예수님을 비하하며 "갈릴리에서는 선지자가 나지 못하느니라"(요 7:52)고도 하였다. 나다나엘이 "나사렛에서 무슨 선한 것이 날 수 있느냐"(요 1:46)라고 되물은 것 또한 당연한 당시의 사회적 시각이었다. 절대적인 선민의식에 젖어있던 이스라엘은 특히 이방인들에 대해 적대감을 보일 정도로 부정적이어서 이처럼 유난히 인종차별, 지역차별이 심했다.

세상 어디에서건 인간이 사는 곳에는 늘 이러한 차별이 뒤따르게 마련이다. 인간의 본성 자체가 늘 자신이 속한 집단을 우월하게 드러내기 위해서 타 집단을 열등시하는 성향이 있기 때문이다. 일종의 에스노센트리즘ethnocentrism: 민족우월주의이라고 할 수 있지 않을까 싶다. 문제는 이러한 속성이 단순한 비하나 표현에서 그치는 것이 아니라 왕따나 이지매 등의 집단적 폭행으로 이어진다는 데 있다. 그런 것에 비하면 '육지 것'이라는 표현 정도는 그냥 웃으면서 넘어가도 되지 않을까 싶다. 얼마 전 어떤 모임에 나갔는데 나처럼 제주에 이주해 살고 있는 한 예술인이 스스로를 '육지 것 ○○○입니다!'라고 소개해 다들 함께 웃었던 적이 있다. 육지에 사는 친구들은 가끔씩 초짜 제주인인 내게 "제주 사람들은 차별이 심하다던데?"라고 걱정스레 묻는다. 이제 몇 년 되지 않아서인지, 아님 워낙 둔감해서인지 몰라도 딱히 느껴본 적이 별로 없으므로 내 대답은 "글쎄…"이다. 사실 입장을 바꿔놓고 보면 평생을 날마다 서로 보면서 가족처럼 지내온 사람들에게 어느 날 낙하산처럼 툭 떨어진 낯선 외지인들이 누군지, 뭐하는 사람인지 경계심이 들지 않을 수 없을 게다. 내가 사는 작은 마을은 이미 외지인이 절반을 넘어선지 오래다. '육지 것'에 대항해서 '원주민', '섬 것'이라고 자꾸 편 가르기를 해봐야 피차에 무슨 유익이 있겠는가. 어차피 하늘 아버지 앞에 설 때는 '육지 것'도 '섬 것'도 아닌 '하나님 것'이냐 아니냐가 더 중요할 텐데 말이다.

@제주

표절에 대한 변명

의인은 없나니 하나도 없다는 말이 실감난다. 좀 쓸 만한 사람 같아 보이면 여지없이 다 과거의 이력이 발목을 붙잡으니 말이다. 표절剽竊…위험할 표에 도둑질할 절, 말 뜻대로하면 '위험스런 도둑질'쯤 되겠다(표적剽賊이라고도 한다. 역시 도둑 또는 해칠 적賊을 쓰고 영어로는 pirate라 하는데 해적이라는 뜻과 같다. 흔히 해적판이라고 하는 것들도 여기에서 비롯됐다). 비단 학계뿐만 아니라 정계, 재계 등 대한민국어서 소위 잘 나간다는 유명인사의 뒷조사에 들어가면 그 그물에 걸리지 않는 사람이 거의 없다. 흡사 개미지옥 같고 식충식물의 트랩 같다. 지도층 인사들이 그 정도니 더 이상 말해 뭐하랴.

정부에 새 인물들이 등용될 때마다 가장 큰 골칫거리가 바로 이 표절이다. 제아무리 저명하고 뛰어난 학자일지라도, 도덕적으로 뛰어난 고매한 인품을 가진 인물이라 할지라도, 깨끗하고 때 안 묻은 시민단체 출신일지라도 인사청문회에 들어가면 여지없이 이 표절 문제가 드러났다. 표절하지 않은 사람을 찾는 데 현상금이라도 걸어야 할 판이다. 그건 그만큼 '위험스런 도둑질'이 우리 사회에 뿌리 깊이 박혀있다는 증거다.

남의 돈을 훔치고 물건을 슬쩍하는 것에 대해선 핏대를 세우지만 글 도둑질에 대해선 관대하고 너그러운 도덕적 불감증이 우리 사회에 만연돼 있음을 보여주는 것이다.

부끄럽지만 나 또한 이 문제만 나오면 별로 할 말이 없다. 내 딴에 팔자에 없는 공부를 하겠답시고 몇몇 대학과 대학원들을 전전했다. 그러는 동안 단 한 번도 표절에 관해 주의를 주거나 심각하게 그 위험을 거론한 이가 없었다. 내가 둔하고 무감한 탓에 간과하거나 무시해버렸을까? 꼭 그렇지만은 않다. 선배는 선배대로 교수는 교수대로 "논문은 다 그렇게 쓰는 거야!"라며 오히려 짜깁기를 부추겼다. 말 잘 듣는 모범생인 양 당연히 난 그 가이드라인을 따랐다. 게다가 졸업시험이라는 게 있어서 논문의 비중이 크지 않기도 했다. 논문이란 그저 통과의례일 뿐이었으므로 도덕적으로 가책을 받거나 문제의 소지가 있을 거라는 건 생각조차 못했다. 그건 그야말로 대한민국이라는 나라의 관행이었다. 모방은 제2의 창조라는 말이 경구처럼 들어맞던 시절이었으니 말이다.

그런데 캐나다 대학원에 등록하자마자 오리엔테이션 시간에 교수가 맨 처음 꺼낸 단어가 바로 '표절plagiarism'이었다. 참으로 낯선 단어였다. 수업시간에도 내내 가장 강조되고 가장 많이 나온 게 표절문제였다. 충격이었고 낭패였다. 논문은 적당히 쓰는 줄로만 알고 있던 내게 시작부터 고민거리와 함께 큰 부담을 안겨줬다. 한국인이 장문을 쓰는 일은 결코 쉽지 않다. 언어 자체도 물론이거니와 그렇게 공부하는 방식 자체가 낯설기 때문이다. 그러나 서구권에서 학교를 다닌 이들은 다르다. 그들은 어릴 때부터 공부하는 것 자체가 곧 에세이를 쓰는 것이다. 심지어는 수학이나 과학시간에도 우리처럼 공식을 외우는 게 아니라 에세이를 써서 설명을 한다. 그렇게 어릴 적부터 해오던 공부 방식이 자연스럽게 지속적으로 이어지므로 대학원이나 박사과정이라고 크게 달라지지 않는다.

또한 서양식 수업은 토론이 많다. 토론을 하기 위해선 논리적 사고로 무장하지 않으면 안 된다. 상대의 주장에 대해 동의하거나 반박하려면 철저하게 분석해서 자기화시켜야 한다. 대부분 수업이 시작되기 전에 미리 제시된 책을 읽고 서평도 써내야 한다. 그냥 독후감 정도가 아니라 나의 생각과 상충되는 부분, 동의하는 부분 등을 적시하고 그 이유까지 설명해야 한다. 개인마다 생각이 다르니 똑같을 수 없다. 그러니 표절이 있을 수도 없다. 표절했다가는 금방 다른 동료나 교수에 의해 들통나 망신당하게 된다. 곧바로 낙제당할 수도 있다. 한두 과목도 아니고 전 과목을 그렇게 공부해야 하므로 죽을 맛이지만 그게 곧 논리적 사고의 밑바탕이 된다. 그렇게 훈련하다 보면 정작 논문을 쓸 때는 별로 힘들지 않고 자연스럽게 써진다.

한국에 돌아온 뒤 가장 놀랐던 것 중 하나가 대학의 학점 인플레이션이었다. 평균이 A요, B라니 도대체 어떻게 그럴 수가? 어이가 없었다. 교편을 잡고 있는 친구 녀석에게 "너도 그렇게 학점 주냐?"하고 물었더니 그렇게 하지 않으면 학생들이 취직이 안 된다고 했다. 또 다른 대학도 다들 그러니 안 따를 수도 없다고 했다. 유학생활 중에 B학점 하나 따려면 정말 '뼈빠지게' 공부하지 않으면 안 되는데… 그러니 외국 유명 대학에서는 한국 학점을 제대로 인정해 주지 않는다. 아니 한국 대학 자체를 제대로 평가해 주지도 않는다. 우물 안 개구리와 다를 바 없다. 자승자박이요 제 얼굴에 침 뱉는 격이다. 바르지 못한 교육 시스템과 윤리 부재가 복합적으로 어우러져 한국 대학과 학생들의 가치를 떨어뜨린다. 이를 바로잡지 않으면 앞으로도 어디 가서 한국 대학 졸업장 내밀기는 힘들 거다.

나는 논문 표절이 보편화되어버린 이유도 이와 무관하지 않다고 생각한다. 어릴 때부터 경쟁적 토대 가운데서 주관적 사고능력을 키우지 않은 채 정답만 찾는 식의 결과에 집착하는 습성만을 키워왔기 때문이다. 그러다 어느 날 갑자기 논문을 쓰라 하니 당연히 남의 것을 기웃거리고 참고(좋은 의미로)할 수밖에… 여기에 표절에 대한 무지 내지는 도덕적 불감증까지 더해지니 더욱 문제다. 표절을 하면 왜 안 되는지, 글쓰기와 같은 창작활동에서 무엇이 중요한 지를 알려주는 인성교육이 선행되지 않으면 절대 이 문제는 고쳐질 수 없다. 표절은 곧 도둑질이요, 속이는 일이요, 거짓말이기 때문이다. 즉, 표절은 법적이라기보다 근본적으로 윤리적인 문제이다.

"도둑질 하지 말지니라"(신 5:19). 이 계명은 이스라엘 백성뿐 아니라 지금 우리에게도 동일하게 적용되는 말씀이다. 그럼에도 불구하고 도둑질하면 어떻게 될까? "사람이 소나 양을 도둑질하여 잡거나 팔면 그는 소 한 마리에 소 다섯 마리로 갚고 양 한 마리에 양 네 마리로 갚을지니라"(출 22:1)라고 하였다. 네 배, 다섯 배를 더해서 갚으라는 거다. 이보다 한 단계 더한 언급도 있다. "도둑이 뚫고 들어오는 것을 보고 그를 쳐

죽이면 피 흘린 죄가 없으나… 도둑은 반드시 배상할 것이나 배상할 것이 없으면 그 몸을 팔아 그 도둑질한 것을 배상할 것이요 도둑질한 것이 살아 그의 손에 있으면 소나 나귀나 양을 막론하고 갑절을 배상할지니라"(출 22:2~4). 도둑을 죽이는 걸 일면 정당화하고 비상할 때는 자신의 몸이라도 줘야 한다는 것이다. 물론 출애굽 당시의 이스라엘 백성들에게 하신 말씀이지만 도둑질의 가치를 한 생명과 거의 동급으로, 그러니까 중범죄로 취급하고 있음에 주목할 필요가 있다.

표절은 또한 '속이는 것'이다. 남의 글을 자기 것인 '척하는' 거다. 그것은 곧 거짓을 말하는 것과 다름없다. 성경은 "자기 양심이 화인을 맞아서 외식함으로 거짓말하는 자들이라"(딤전 4:2)고 했다. 이 구절에 대해 공동 번역본은 "거짓말쟁이들의 양심에는 사탄의 노예라는 낙인이 찍혀 있다"고 표현한다. 성경은 마귀를 "거짓말쟁이요 거짓의 아비"(요 8:44)라고 했다. 거짓이 곧 마귀의 출발점이자 종착점이기 때문이다. 그러므로 모든 범죄의 뒤란을 살펴보면 그 최후에는 늘 음험한 '거짓'이 그림자처럼 도사리고 있다. 게다가 거짓말은 하면 할수록 늘어나고 무감각해지는 특성을 지니고 있다.

혹자는 공직자가 일만 잘하면 됐지 과거에 한 표절쯤이야 무슨 대단한 잘못이냐고 할지도 모른다. 하지만 문제는 이렇게 거짓에 대해 무감각하고 습관적인 이가 리더의 자리에 오른다고 하루아침에 바뀌지 않는다는 점이다. 자신마저 속이는데 국민인들 속이려 들지 않겠는가? 혹 회심이라도 했다면 모르겠지만….

@제주

2부
......

분별하며
살아가기

난 오늘도 바다를 본다

아무것도 가진 거 없는 듯
선 하나만 쭈욱 그어놓았다.
온 대지의 뿌리를 감싸 안고 있으면서도
온갖 생명을 다 머금고 있으면서도
시치미 뚝 떼고.

겸손한 건가?
엉큼한 건가?
너처럼 그렇게 숨길 수 있는 것들이 많으면 나도 그럴까?
너처럼 뒤집어 엎고 삼킬만한 힘이 있으면 나도 그럴까?

안 그래서 난 곡선의 삶을 살아가나 봐.
안 그래서 난 너를 TV보듯 그저 멀리서 바라볼 수밖에 없나 봐.
내가 다가가지 않으면 넌 내게 다가 올 수 없는데
난 네 몸에 내 몸을 부딪치기조차 싫어하므로...

그래, 우리 그냥 이렇게 살자.
너와 난 절대 하나가 될 수 없으므로.
그냥 오늘도 서로를 먼발치서 바라보며
서로의 선을 그으며

@제주

등대

등대가 있다고 늘 배가 있는 건 아니다.
등대는 언제나 그곳에 우뚝 서있지만
비바람,
거친 파도 맞으며 늘 그 자리에서 기다리지만…

아버지는 늘 그곳에 있다
등대가 되어
아들은 바람처럼
훌쩍 스쳐 지나가버리지만…

등대는 오지 않는 배를 미워하지 않는다.
그가 한사코 거기 서있는 이유는
배를 위함이므로

아버지는 오늘 밤도 불을 켠다.
혹시 아들이 올지도 몰라…

@제주

분별하며 살아가기

몇 해 전 일이다. 몇몇 인사들과 남북 관계의 바람직한 방향에 관해 대화를 나눌 기회가 있었다. 당시 북은 김정은이 억압과 공포정치의 칼을 휘두를 때였고 우리는 보수 정권의 집권으로 남북 관계가 얼음장처럼 냉랭하던 무렵이었다. 이미 북한은 악의 축에 불량국가로 지목돼 비난받고 있던 판국이었으므로 참석자들 가운데 다수가 북의 실태와 인권탄압 등을 내세우며 강경 일변도의 발언을 이어갔다. 경제 제재를 가해 손들고 나오게 해야 한다는 의견, 지하에 있는 저항세력을 지원하는 방안을 마련해야 한다는 의견도 있었다. 보수적인 인사들의 모임이라 그런지 분위기가 그렇게 흘러가고 있었다. 하지만 아무리 생각해도 난 그게 아닌 것 같았다. 그래서 "과연 하나님은 어떤 생각을 하고 계실까 한번 생각해보자"라고 했다. 그리곤 "햇볕정책이 정답이 아니겠는가?"라고 말했다. 주변의 시선이 싸늘해졌다. 코웃음을 치는 이도 있었다. "미사일을 팡팡 쏴대고 사람들을 마구 죽이는 마당에 그게 가당키나 하냐?"라는 대답이 이어졌다. "그동안 진보 정권이 퍼준 돈으로 핵을 만들고 있는데 아직도 그런 순진한 발상을 하느냐?"라는 타박도 이어졌다. 멋쩍었다. 하지만 암만 생각해도 내겐 '햇볕'만이 정답이었다.

　모임의 참석자들은 대부분 그리스도인 리더들이었다. 누구보다도 하나님이 어떤 분이신지 잘 아는 이들이다. 혼자서 내내 생각해봤다. "내가 혹 잘못 생각하고 있는 건 아닐까?" 그러나 아니었다. "하나님은 사랑이시라"(요일 4:16). 하나님의 성품에 가장 어울리는 건 그 방법밖에 없었다. 백 번을 양보해도! 나는 지금 내 생각이 맞고 그들이 틀렸다고 말하려는 게 아니다. 살아가면서 우리는 얼마나 자주 세상일들에 대해 분별하기 위해 노력하면서 살고 있느냐 하는 것이다. 아무리 신학 공부 많이 하고 신앙생활을 오래 했다 할지라도 지금 우리에게 일어나는 일들에 대해 하나님의 뜻을 제대로 분별하지 못하고 하나님과 다른 관점으로, 하나님이 원하시지 않는 행동을 보인다면 어찌 참된 신앙인이라 할 수 있을까? 100% 그분의 뜻과 일치하지 않는다고 할지라도 최소한 그분의 사상의 범주에서 벗어나지는 말아야 하는 게 그리스도인의 바른 태도일 것이다.

　인생은 선택의 연속이다. 우리는 하루에도 수백, 수천 번의 선택과 결정을 한다. 점심으로 뭘 먹을까 같은 하찮은 결정도 많지만, 인생을 바꾸거나 세상을 변화시킬 수 있는 중요한 선택도 있다. 분별력은 그 선택을 위한 가장 중요한 수단이다. 예수 그리스도의 마음을 품고 예수 그리스도의 마음으로 결정하려면 그분이 어느 쪽에 계시는가를 알아야 하는 게 당연하다. 성경은 이렇게 권면한다. "너는 진리의 말씀을 옳게 분별하며 부끄러울 것이 없는 일꾼으로 인정된 자로 자신을 하나님 앞에 드리기를 힘쓰라"(딤후 2:15). 바르게 행동하려면 먼저 하나님 말씀을 분별해야 한다. 하나님과 상관없이 세상적 가치 기준으로만 판단하고 행동하면서 자신을 그리스도인이라고 말하는 건 이율배반적이다.

젊은 시절 내가 한동안 섬기던 교회의 목회자는 참 순수하신 분이셨다. 그분은 '선교'라면 자다가도 벌떡 일어날 정도로 선교 사명을 자신에게 주어진 최고의 임무라고 늘 강조했다. 교회의 표어도 "오직 성령이 너희에게 임하시면"(행 1:8)이었다. 그런데 어느 때쯤부턴가 좀 이상해졌다. 교인들에게서 돈을 빌려 쓰고 대신 높은 이자를 쳐줬다. 설교 도중 "선교를 잘하려면 돈이 없으면 안 된다"고 말하기도 했다. 알고 보니 교인들의 돈으로 부동산에 투자하고 거기서 나온 이익금으로 중국, 필리핀 등에 학교와 교회 등을 세우는 선교사역을 하고 있다고 했다. 교인들은 은행보다 높은 이자를 받았으므로 좋았을 뿐 아니라 "보내는 이도 선교사"라며 선교사역에 동참한다는 뿌듯한 사명감까지 느끼고 있었다. 나는 젊은 나이였고 선교에 대한 지식도 없었지만, 왠지 정당한 방법은 아닌 것 같았다. 고민하던 중 마침 이사를 하게 되어 작별 인사를 드리러 목사님을 찾아뵀다. 그리고 내친김에 입바른 소릴 해버렸다. 그는 내가 아직 젊어서 잘 모른다며 "그럼 선교를 어떻게 해야 하느냐?"라고 되물었다. 나는 "정답은 잘 모르지만 이런 방법은 아닌 것 같다"라고 말했다. 우려했던 일은 얼마 되지 않아 터졌다. 한두 해쯤 후 그 교회가 경매로 넘어갔다는 소문이 들려왔다. 신도시 상가에 투자했는데 시공사가 부도를 내는 바람에 불똥이 튀어 막을 수 없었다고 했다. 교인들은 소송전을 벌이다가 뿔뿔이 흩어졌고 목사님은 외국으로 도망갔다고 했다. 소식을 듣고 떠오른 얼굴은 그 목사님뿐 아니라 내가 교회를 떠날 때 막말을 하던 교인들이었다. "우리 교회 나가서 잘된 사람 하나도 없어!"라며 저주성 발언을 하던 그 장로님과 집사님들 말이다.

나는 똑똑하고 잘난 척하는 우리가 의외로 분별력이 없음을 말하려 케케묵은 얘기를 꺼내 들었다. 참으로 많은 그리스도인이 옳은 것과 그른 것, 해야 할 일과 하지 말아야 할 일을 잘 구분하지 못한다. 특히 매일 뉴스를 접할 때마다 속상하고 안타까운 마음이 들 때가 많다. 우리가 잘 아는 그리스도인들이 엉뚱한 선택과 행동을 하는 경우가 많고, 비그리스도인들과 전혀 다르지 않은 모습을 보일 때가 많기 때문이다. 겉으론 깨끗한 척하면서 뒤로는 거짓말과 비열한 속임수를 썼던 장로 대통령이 그렇고, 근로자를 자기 종 부리듯 갑질을 해대는 기업가가 그렇고, 지위를 이용해 외도와 일탈을 일삼은 법조인이 그렇고, 제사장입네 하며 탈법과 위법, 성적 타락을 일삼는 목회자들이 그렇고, 불법과 폭력적인 방법까지 동원해서 자신의 지위를 지키려던 대학 총장이 그렇고, 자신의 정치세력들을 규합하려 남북대화와 평화의 불길을 폄하하려는 야당 대표가 그렇다. 나는 지금 하나님을 모르는 일반인들이 아니라 자신을 소위 그리스도인이라고 고백하는 이들에 대해 언급하고 있다. 대체 그들이 섬기는 하나님과 내가 아는 하나님은 무엇이 어떻게 다른 분이란 말인가? 우리의 행동에 사랑이 없거나 의롭지 않거나, 둘 다이면 그건 분명히 하나님에게서 벗어난 삶이다. 그리스도인이라는 옷을 입고 있다고 한들 그게 무슨 의미가 있겠는가? 거룩의 옷을 땟국물로 얼룩지게 함으로 오히려 하나님을 모르는 이들에게 혐오 대상이나 장애물로 작용하는 것 아니겠는가?

신학자 송인규 박사는 "분별력의 결여는 그리스도인들에게 소아적 퇴행을 일으킨다"고 말했다. 이는 그리스도인의 신앙이 인식적이고 실천적인 면에서 진보하지 못하고 오히려 낮은 수준으로 퇴보하는 상태를 말한다. 즉 분별력이 제대로 작동되지 않을 때 우리는 오류, 편견, 오해, 무지 등 신앙의 인식적 퇴행을 일으키게 되고 이는 곧 행동의 퇴행으로 이어져 타락해 비난의 대상이 될 수밖에 없게 되는 것이다. 사도 베드로와 요한 등은 그들의 서신을 통해 줄곧 교회 안에 침투한 영지주의자 등 거짓 선지자들과 그들의 가르침에 대해 분별하라며 경고한다. 그들의 언급대로 적그리스도는 멀리 있는 게 아니다. 가장 가까이서 우리를 노리고 있다. 이를 제대로 분별하지 않으면 우리 또한 언제라도 파멸할 수밖에 없다. 벌거숭이 임금처럼 남들은 다 아는데 자신만 거룩한 옷을 입은 양 착각하게 된다. 분별력은 끊임없는 훈련과 습관을 통해서 형성된다. 그러므로 우리는 날마다 순간마다 부닥치는 선택의 갈림길에서 항상 먼저 자신에게 물어봐야 할 것이다. "이 일은 하나님이 기뻐하실 일인가 아닌가?"

꿈을 이루시는 분

고등학교에 막 입학하고 얼마 뒤 친구들과 함께 독서실 스터디그룹을 만들었다. 서로 경쟁도 하고 돕기도 하자는 취지는 좋았다. 그러나 사실 말이 그렇지 호기심 창창하던 8명의 또래들이 함께 어울리다 보니 공부는 언감생심, 엉뚱한 짓만 하고 다녔다. 한 녀석이 화장실 간다고 나서면 줄줄이 따라나섰고 배고프다고 하면 줄줄이 밥 챙겨 먹고 다니며 떠들고 노는 재미에 빠져 공부는 늘 뒷전이었다. 두려움을 극복하자며 야간 산행을 하기도 했고, 모험심을 키우자며 무작정 시외버스에 올라타 먼지 나는 시골길을 달리기도 했다. 다행히 지극히 평범한 친구들이라 크게 어긋나진 않았지만 성적은 뚝뚝 떨어졌다. 그렇다고 성적 따위가 일탈의 즐거움을 상쇄시킬 만큼 당시엔 절절하지 않았으므로 부모님들께 들키기 전까지 방황은 몇 달이나 지속됐다. 한 번은 함께 서로의 꿈을 나눴다. 각자 앞으로 하고 싶은 직업을 애기하면서 백지에 하나하나 써나갔다. 가장 먼저 한 친구가 신문기자가 되고 싶다고 했다. 다들 까르륵거리며 한 마디씩 던졌다. "야, 신문기자가 국어 실력이 그 정도냐?", "신문배달을 한다면 이해하겠다!" 또 다른 친구는 의사가 되겠다고 했다. 역시 소나기처럼 비웃음들이 쏟아져 나왔다. "아이고, 의대는 아무나 간대?" "그냥 환자복 입고 병원에나 들어가셔!"… 그렇게 빗발치는 농담과 웃음과 악의 없는 놀림 속에 회사 사장이 되겠다던 친구도 있었고 선생님이 되겠다던 친구도 있었다.

학교를 졸업하고 모두 뿔뿔이 흩어졌다. 제 갈 길 찾느라 다들 바빴고 인터넷도, 핸드폰도 없던 시절이라 소식마저 다 끊겼다. 대학을 졸업하고 한창 직장생활을 하던 어느 날 우연히 길거리에서 당시 스터디그룹의 한 친구를 만났다. 그냥 지나치다 긴가민가하여 서로 얼굴을 동시에 되돌아보며 다시 만나게 됐다. 그 친구는 다행히 다른 친구들 소식을 잘 알고 있었다. 그가 들려준 소식들은 나를 놀라 자빠지게 했다. 거짓말처럼 자신들이 소망했던 대로 다들 신문기자, 의사, 기업체 대표나 선생님이 됐다는 거다. 무엇보다 놀라운 건 당시 멤버들 가운데 가장 성적이 안 좋았던 친구가 스스로의 장담대로 명문대 법학과를 졸업하고 판사의 꿈을 이뤘다는 것이었다. 삼수 끝에 얻은 영광이라고는 하지만 도저히 믿어지지 않았다. 그러고 보니 나 또한 방송기자를 꿈꿨는데 그 일을 하고 있었다. 어릴 적 별생각 없이 막연히 지껄였던 얘기들이 현실이 되어 있었다. '소원의 힘'이 느껴져 온 몸이 전율했다.

나다니엘 호손 Nathaniel Hawthorne 의 단편 작품 가운데 《큰 바위 얼굴》이라는 소설이 있다. 주인공 어니스트는 산 위에 있는 큰 바위와 같은 얼굴을 한 훌륭한 사람이 나타날 것이라는 얘길 듣고 소망을 품고 평생을 기다린다. 그동안 부자, 장군 등 여러 사람들이 나타났지만 그들은 다 아니었다. 그런데 어느 날 한 시인이 어니스트를 가리키며 큰 바위 얼굴과 똑같다고 말하면서 깜짝 놀란다. 간절한 마음으로 훌륭한 인물을 기다리며 겸손하게 자신을 가꾸면서 살다 보니 어느새 어니스트 자신이 그런 사람이 되어있었던 거다. 소망은 그렇게 인생길을 이끈다. 작가인 존 업다이크John Updike는 이런 말을 했다. "Dreams come true. Without that possibility, nature would not incite us to have them."_꿈은 이뤄진다._ _만일 그럴 가능성이 없었다면 본성이 애초에 우리가 그런 꿈을 꾸게 하지 않았을 것이다._ 우리에게 꿈을 꿀 수 있는 본성을 주신 분, 그분이 이 세상을 만드신 분이시고, 꿈을 꾸면 이뤄지게 되는 절묘한 이치 또한 이 땅에 세워놓으셨다.

꿈꾸는 자는 주어진 상황과 환경에 상관없이 자신을 통제하고 추스르게 된다. 습관이나 행동, 사고나 언어에 스스로 에너지를 불어넣게 된다. 성경은 요셉을 '꿈꾸는 자'라고 말한다. 시기심 많은 형들로부터 버림받아 좌절할 수밖에 없는 처지에서도 그는 그냥 낙망하며 주저앉아 있지 않았다. 최선을 다함으로써 주어진 상황을 극복하고 사람들로부터 거듭 인정받았다. 사실 그의 일생을 들여다보면 나락으로 떨어지고 구제되는 그 모든 과정이 하나님의 인도하심이었다. 부침 가운데서 그는 누구보다도 하나님으로부터 인정받았다. 바닥까지 추락하든 지위가 하늘을 찌를 듯 올라가든 그가 크게 개의치 않았던 이유는 어디에서나 하나님께서 동행하신다는 소망을 품고 있었기 때문이다. "여호와께서 요셉과 함께 하심이라 여호와께서 그를 범사에 형통하게 하셨더라"(창 39:23).

새해가 되면 학생들은 상급학년, 상급학교로 진학할 것이고 이제 막 알에서 깨어난 병아리처럼 세상으로 나갈 이들도 있을 게다. 하필이면 청년 실업률이 하늘을 찌르는 즈음이라 이제 막 사회에 첫 발을 내딛는 이들이 변변한 대접이나 환영은커녕 이리저리 치일까 봐 걱정돼 안쓰럽다. 나라의 경제 상황이 워낙 좋지 못하다. 자영업자들은 엄동설한에 더욱 허리띠를 졸라매지 않으면 안 되고 빈부격차로 인해 가진 자의 위세, 계층 간 위화감은 더욱 커져만 간다. 그러나 아무리 실패하고 외면 당하더라도 주저앉지 말고 꿈마저 포기하지는 말아야 한다. 꿈은 꾸는 자의 것이고 다른 이들로부터 침해당하거나 무시당할 수도 없다. 꿈꾸는 건 자신만의 특권이요 자유다. 그룹 퀸의 노래 가사 중 "We are the champions, no time for losers"라는 대목이 있다. 이 땅에 태어난 우리는 누구나 자신만의 세계에선 다 챔피언이다. 패배자를 위한 시간은 없다. 패배하고 낙망하고 주저앉아 있는 건 낭비이다.

절친한 친구 중에 지금은 유명 대학 교수로 방송 패널로 여기저기 잘 팔리는(?) 이가 있다. 그는 무려 서른 한 번의 도전 끝에 대학 교수가 되었다. 서른 번이나 퇴짜를 맞는 동안 자존감은 닳아 없어졌고, 경제적 궁핍은 극에 달했고, 자신의 능력에 대해 심한 회의감에 빠지기도 했다. 그때마다 축 처져있는 그를 다시 일으켜 세운 건 그의 아내였다. 그녀는 남편에게 "할 수 있다"는 자신감과 함께 의욕을 불러일으켜 주며 다시 꿈을 품도록 부채질했다. 남편에 대한 그녀의 철저한 신뢰는 요셉을 세우신 하나님을 믿는 믿음이 바탕이 되었기에 가능했다. 마침내 내 친구는 소망을 이루었고 세상 사람들로부터도 인정받게 되었다. 그는 처절한 실패 가운데서 사랑하는 아내의 하나님을 믿고 따르게 되었다는 것 자체가 무엇보다 큰 축복이라고 고백했다.

성경은 "하늘에 계신 너희 아버지께서 구하는 자에게 좋은 것으로 주시지 않겠느냐"(마 7:11)고 했다. 또한 "자기의 기쁘신 뜻을 위하여 너희에게 소원을 두고 행하게 하시나니"(빌 2:13)라고 했다. 스스로 꿈과 소망을 포기하지 않는 한 하나님을 믿는 자에게는 인생에서 실패란 없다. 입시에 낙방하든 취직을 못하든 사업에서 실패하든 소망을 붙들고 있는 한 그건 또 다른 가능성의 기회로 이어지는 길이다. 요셉이 그랬던 것처럼 또 다른 길을 열어주시는 하나님의 사인일 수도 있다. 꿈은 이루어진다. 아들이신 예수님을 우리에게 주신 그분께서 무얼 더 아끼시겠는가?

두려움에 대한 단상

우리 집은 마을로부터 좀 떨어진 외진 곳에 있다. 처음 이사를 와서 보니 집이나 가로등은커녕 주변에 불빛 하나 없었다. 하늘에 별들은 유난히 총총했고 간혹 날아다니다 방충망에 달라붙는 반딧불이의 빛은 밝고 신비로웠다. 어릴 적 느꼈던 자연이 주는 여유와 바람 소리와 같은 소소한 울림을 새삼 친근하게 맛볼 수 있음에 참으로 고맙고 반가웠다. 그야말로 암흑천지에서 밤중에 주차하다 보면 아름드리 후박나무를 들이받거나 돌담에 긁힌 적이 한두 번이 아니었지만 좋은 곳에 사는 대가라 여겼다. 그런데 집에 찾아오는 사람마다 공통으로 던지는 질문이 있었다. 무섭지 않으냐는 것이다. 아마 집 앞에 있는 무덤을 보고 그러는 것도 같았다. 하지만 정작 아내나 나나 그런 것에 대해 별로 개의치도 않고 무서움을 느껴본 적도 거의 없다. 무섭기는커녕 오히려 조용하고 한가한 곳에서 사색하는 시간이 늘어나 좋기만 했다. 물론 그렇다고 우리가 겁을 상실한 사람들은 절대 아니다.

사람들과 대화를 나누다 보면 유난히 무서움이나 귀신에 민감하게 반응하는 분들이 있다. 시골이라서 그런지 이런저런 '귀신에 대한 사연'들도 많다. 한 번은 밤에 가스가 떨어져 난방하려고 주문했더니 밤중엔 배달을 안 한다는 대답이 나왔다. 날이 밝은 다음 업자의 얘길 들으니 어릴 때부터 살던 곳이라 여기저기서 일어난 과거의 '사연'들을 잘 알고 있어 밤에 다니기가 꺼림칙하다고 했다. 또 어떤 이는 밤중에 혼자 고갯길을 넘을 때마다 머리가 쭈뼛거린다고도 했고 상여가 쉬어가던 곳이 있으니 근처엔 밤에 가지 말라고 충고해주는 이도 있었다. 해가 지면 우회 도로인 큰길로만 운전하고 다닌다는 사람도 있었다. 소로에서 갑자기 뭔가가 불쑥 튀어나오면 피하기 어렵기 때문이라는 것이다. 아직도 집을 짓거나 집안 행사를 할 때는 이른바 '전문가'를 찾아 날을 잡거나 위치를 정하는 이들도 꽤 많았다.

며칠 전엔 서울에 있는 누나가 놀러 와서 대뜸 제주에 내려와 살아야겠다고 했다. 김정은과 트럼프, 럭비공처럼 이상하기 짝이 없는 이 두 사람 때문에 아무래도 전쟁이 일어날 것 같아 두렵다는 거다. 언론에서 북한이 내세우는 핵무기가 서울 상공에서 터지면 수백만 명이 금방 이 땅에서 사라질 거라는 등의 보도가 줄을 이으니 지척에서 겁이 날 법도 했겠다. 사실 현대전은 발발하는 순간 곧 전면전이 되고 모든 곳이 다 전쟁터가 될 게다. 더욱이 핵전쟁이 나면 안전한 곳이 어디 있으랴?

두려움이 없는 사람은 없다. 어쩌면 두려움은 모든 인간이 가지고 있는 원초적 개념에 미래에 대한 불확실성, 불안감, 자기애 등이 뒤엉켜 강화되는 게 아닐까 싶다. 어떤 신학자는 어린아이가 어머니에게서 떨어졌을 때처럼 인간이 하나님에게서 떨어지는 분리로 인한 불안 감정 separation anxiety 이 두려움으로 나타난다고도 말한다. 두려움 자체는 인간의 본능이므로 잘못이거나 문제 되는 현상은 아니다. 또 두려움이 늘 좋지 않은 방향으로 결과를 유도하는 것만도 아니다. 두려움으로 인해 우리는 자신을 다시 한번 살필 수도 있고 잘못된 길에서 돌아설 수도 있으니 말이다.

성경에서 '두려움'은 서로 다른 용례로 쓰인다. "내 육체가 주를 두려워함으로 떨며 내가 또 주의 심판을 두려워하나이다"(시 119:120). 특히 하나님을 상대로 쓰일 때는 두려워하면서도 공경한다는 뜻의 경외 敬畏로 자주 표현된다. "영원한 언약을 그들에게 세우고 나를 경외함을 그들의 마음에 두어 나를 떠나지 않게 하고"(렘 32:40). "여호와를 경외하는 것은 악을 미워하는 것이라"(잠 8:13). 즉 거룩한 경외심은 성도들이 하나님을 자각할 때 생김으로 말씀에 대한 순종, 죄나 악으로부터의 회피 등 바람직한 결과를 낳게 된다. 그로 인해 성도들은 '교만'과 '거만'과 '악한 행실'과 '패역한 입'에서 멀어지게 된다. 그래서 바울 사도는 우리에게 "하나님을 두려워하는 가운데서 거룩함을 온전히 이루어 육과 영의 온갖 더러운 것에서 자신을 깨끗하게 하자"(고후 7:1)라고 권면한다.

상대방이 가지고 있는 권력 때문에 무섭고 두려워하는 띠도 있다. 다윗은 자신의 목숨을 노리는 사울을 두려워해 가드 땅까지 도망했고, 그곳에서는 아기스왕이 두려워 전혀 그답지 않게 침을 흘리며 미치광이 연기를 하기도 했다. 마태복음의 한 달란트 받은 자는 주인이 굳은 사람이므로 두려워해 달란트를 땅에 감추어 두었다고 말한다. 그런가 하면 두려움이 자연현상이나 영적인 것들로 인해 오는 경우도 많다. 갈릴리 호수를 건널 때 제자들은 광풍이 불어오자 놀라 두려움 가운데서 "주여 우리가 죽겠나이다"하고 예수를 깨웠고(마 8:25), 부활하신 주님이 나타나셨을 때는 영으로 생각해서 '놀라고 무서워'했다(눅 24:37).

이상의 여러 가지 관점에서 보면 두려움 자체가 문제가 아니라 두려움의 대상이나 이유가 중요하다고 볼 수 있겠다. 권력이나 능력이 강한 사람이나 자연현상, 귀신이나 악한 영이 두려움의 대상인 경우는 죄 또는 우상숭배로까지 이어지는 경우가 많다. 즉 두려움의 대상이 하나님이 아닌 경우는 실족할 가능성이 아주 많이 커진다. 그 때문에 잠언 기자는 "사람을 두려워하면 올무에 걸리게 되거니와 여호와를 의지하는 자는 안전하리라"(잠 29:25)라고 말하며 두려움의 대상으로 사람을 택할지 하나님을 택할지를 정하라고 했다.

정신분석학적으로 두려움이라는 감정은 과거에 겪은 경험이나 선천적으로 느끼는 불안감이 극대화되면서 뇌에서 전달되는 신호가 신체를 지배하게 되는 것이라 한다. 두려움을 느낄 상황이 아닌데도 불구하고 극도로 불안감이 치솟으면서 심장 박동이 빨라지고 심지어 발작까지 일으키기도 하고 어디가 특별히 아픈 것도 아닌데 마음이 몸을 지배해 신체적 이상이 나타나기도 하는 것이다. 즉 마음의 병이 실제 육체적인 질병으로 이어지거나 심적으로 그 지배를 받음으로써 문제가 된다. 시험을 보기 전 긴장돼 배가 아프거나 고소공포증, 사람이 많은 장소에 가면 극도의 불안감으로 곧 죽을 것만 같은 심리적 압박감을 느끼는 공황장

애에 이르기까지 증세는 다양하다. 실제 우리 주변엔 생각보다 훨씬 많은 이들이 이런저런 두려움을 안고 살아간다.

성경은 두려움의 반대개념을 평안이라고 한다. "오직 내 말을 듣는 자는 평안히 살며 재앙의 두려움이 없이 안전하리라"(잠 1:33). 하나님의 말씀이 곧 평안의 근거가 된다고 말한다. 예수는 "평안을 너희에게 끼치노니 곧 나의 평안을 너희에게 주노라. 내가 너희에게 주는 것은 세상이 주는 것과 같지 아니하니라. 너희는 마음에 근심하지도 말고 두려워하지도 말라"(요 14:27)라고 하셨다. 그분은 십자가에 못 박히면서도 죽음의 두려움 그 너머에 있는 평안을 맛보셨다. 아니 그분 자체가 곧 평안이셨다.

진정한 평안은 인간 자체의 능력으론 이룰 수 없다. 그래서 세상에선 늘 불안과 싸움이 끊이지 않고 사람들은 고독의 수렁에서 헤어나지 못한다. 참된 평안을 얻기 위해서는 그 근원이신 하나님을 찾아야 한다. "너는 하나님과 화목하고 평안하라. 그리하면 복이 네게 임하리라"(욥 22:21). 아이러니하게도 하나님에 대한 두려움이 세상의 두려움으로부터 우리를 자유롭게 한다. 그것이 곧 진정한 평안의 실상이며 본질이다. 하나님은 우리가 이 땅에서 두려움 가운데 떨며 슬퍼하거나 불안한 모습으로 살기를 바라지 않으신다. 그래서 '평강의 왕'(사 9:6)이신 예수그리스도를 '아픔으로' 이 세상에 보내셨다. 즉 예수는 우리를 두려움에서 벗어나도록 하나님이 내신 유일한 길이므로 그분을 찾을 때 상처는 아물고 불안은 기쁨으로 바뀌게 된다. 또한 고통은 행복으로 역전되며, 비

로소 두려움에서 벗어날 수 있다. 우리가 어떤 상황에서건 그분 안에 거
하기만 한다면 말이다.

@제주

상처 치유하기

어릴 적 여름만 되면 내 몸 어딘가엔 늘 빨간약이 덕지덕지 칠해져 있었다. 워낙 나대기 좋아하는 데다 조심성이 없어 툭 하면 넘어지고 다쳤다. 특히 여름방학에는 들이며 산이며 부잡스럽게 뛰어다니느라 팔꿈치, 무르팍, 심지어는 얼굴까지도 늘 빨간 칠을 묻히고 살았다. 피를 흘리면서 상처를 내미는 막내아들을 보며 어머니는 한숨을 푹푹 내쉬고 혀를 차면서 빨간약을 정성껏 발라주셨다. 빨간약이 상처에 닿을 때마다 느껴지는 등골이 쭈뼛거릴 정도의 그 쓰라림과 아픔, 그러나 곧 새 살이 자라나고 어느 순간 딱지가 되어 떨어져 나갈 때면 빨간약의 위력과 고마움을 새삼 느끼곤 했다.

언젠가는 넘어져 손바닥이 쓸렸는데도 야단맞는 게 두렵고, 빨간약의 그 쓰라림이 싫어 상처를 숨겼다. 하지만 깐깐한 어머니의 눈을 피할 정도로까지 면밀하지는 못했다. 얼마 못 가 닦달하는 어머니 앞에 쭈뼛거리며 손바닥을 내밀 수밖에 없었다. 더러운 흙이 박힌 손바닥 상처는 이미 누렇게 곪아가고 있었다. 어머니는 "아이고, 이 미련한 놈아!"라고 지청구를 마구 퍼부어대면서 일일이 고름을 짜냈다. 악청을 지르는 내 손바닥엔 빨간약이 곱빼기로 칠해졌음은 물론이다. 약이라 해봐야 별다른 게 없던 시절, '아까징기'라 부르던 그 빨간약은 그렇게 내게 만병통치약과 같은 독보적이며 필수적 존재였다.

인생살이에서도 그렇게 빨간약이 주는 고통과 아픔의 과정을 꼭 거쳐야 할 때가 있다. 누구든 잘못이나 실수를 범할 수 있고, 누구나 남에게 상처를 줄 수도, 또는 받을 수도 있다. 의도했건 않건 간에 삶의 과정에서 부닥치게 되는 수많은 문제와 난관들에서 벗어나기 위해선 빨간약이 필요하다. 그건 충고나 직언일 수도 있고, 위로의 말일 수도 있고, 자신의 결단일 수도 있다. 빨간약이 상처에 닿으면 당장은 쓰라리고 아프지만 더 곪아 터지지 않으려면 약을 발라야 한다. 그 고통의 대가로 새 살이 자라나고 아픔의 흔적들은 곧 딱지가 되어 떨어져 나갈 거니까.

얼마 전 우리나라 기독청년운동의 리더로 인정받던 한 목회자가 성문제로 인해 사임했다는 뉴스를 접했다. 청소년들의 존경, 내지는 흠모의 대상이던 사역자의 이면에 숨겨있던 일탈 행위는 마치 지킬과 하이드 박사처럼 충격적이었다. "어디 그런 종교 지도자들이 한두 명입디까?"라고 물으면 사실 할 말은 없다. 세상의 조소거리나 손가락질을 받는 대형교회, 목회자들의 얘기가 이젠 더는 새삼스러울 게 없을 정도로 당연시되어버렸으니 말이다.

교회 생활을 하다 보면 덕스럽지 않은 부분들을 발견하게 되는 경우가 왕왕 있다. 사소하게는 교회 비품을 자기 물건 쓰듯 하다가 내팽개치는 경우에서부터, 성도들끼리 다투거나 서로를 비판하는 등 잡음도 종

종 있다. 그런가 하면 성도나 목회자가 분명히 잘못을 저질렀음에도 교회를 위해 다수가 침묵하는 때도 있다. 그럴 때마다 제직회나 총회 등에서 관행처럼 꼭 나오는 말이 있다. "덕을 세워야 하므로", "덕스럽지 않으므로". 사실을 외면하고 모르는 척 지나가는 게 과연 덕을 세우는 걸까? 그게 사랑일까?

레위기에 보면 이런 말씀이 나온다. "그가 그의 자식을 몰렉에게 주는 것을 그 지방 사람이 못 본 체하고 그를 죽이지 아니하면 내가 그 사람과 그의 권속에게 진노하여 그와 그를 본받아 몰렉을 음란하게 섬기는 모든 사람을 그들의 백성 중에서 끊으리라"(레 20:4~5). 우상을 섬기는 걸 보고서도 말리지 않고 묵과한다면 그 또한 우상숭배를 한 사람과 같은 죄로 간주하겠다는 것이다. 하나님의 방법은 타인이 잘못을 저질렀을 때 침묵하는 게 아니다. 훈계하고 다시는 그런 일이 거듭되지 않도록 설득하는 것이다. 그것은 하나님이 우리에게 주신 바로미터인 양심을 무디지 않게 하는 것이다. 우리의 양심이나 덕은 잘못된 상황을 용납하는 게 아니라 그걸 바르게 고치도록 하는 것이다. 공무원이 곁에서 도적질하는 동료를 무마해주고 모르는 척 눈감는다면 그 또한 죄인이다.

태평양 전쟁을 앞두고 일본 정부는 전쟁경제 연구반이라는 조직을 만들었다. 최고의 경제 전문가 20여 명으로 짜인 이 모임은 미국과 전쟁을 하면 얼마나 승산이 있는가를 연구했다. 1년 6개월의 치밀한 연구 결과, 전쟁은 절대 피해야 한다는 결론이 나왔다. 일본의 경제력을 1로 볼 때 미국은 20, 즉 20대 1로 일본이 절대 열세이므로 전쟁을 하지 말아야 한다는 것이었다. 그러나 정작 일본 군부는 이 연구 결과는 슬쩍 덮어두고 전쟁을 일으켰다. 그리고 일본 정부는 이 사실을 50년이 넘게 숨겼다. 한 일본 신문의 언급대로 그들은 보고 싶지 않은 것은 보지 않은 것이다. 그건 비단 그들뿐 아니라 우리 모두의 심리에 내재된 선택적 회피의 개념이 드러난 것일 거다.

마거릿 헤퍼넌Margaret Heffernan은 '의도적 눈감기'라는 말로 이러한 인간들의 행태를 꼬집는다. 인간은 자신이 마주하기에 고통스럽거나 두려운 현실을 회피하는 성향이 있다는 것이다. 사실 우리는 타인의 잘못을 발견하더라도 좋은 게 좋다는 식으로 어물쩍 넘어가는 때가 많다. 굳이 나와 상관없는 문제에 감 놔라, 대추 놔라 하는 것도 그렇고, 구태여 끼어들지 않아도 자신들이 알아서 할 것이기에 잘 개입하려 들지 않는다. 괜히 오지랖 넓게 간섭하거나 설쳤다간 성가시게 되거나 도리어 덤터기를 뒤집어쓸 수도, "너나 잘하세요"라는 핀잔을 받을 수도 있기 때문이다. 의도적인 눈 감기는 특히 자기 자신이나 주위 사람들에게 자주 적용된다. 자신이 하는 행위나 자신이 사랑하는 사람들의 잘못에 대해서는 관대해지고 적용하는 잣대가 달라진다. 헤퍼넌은 특히 똑똑하다는 사람들이 모인 집단일수록 그런 현상이 더 심하다고 말한다. 그런데 그러한 눈 감기라는 게 실은 얼마나 비겁하고 공평치 못한 일인가? "정직한 사람이란 할 말이 있을 때 하는 사람"이라는 작가의 인용구를 곱씹어 볼 필요가 있다. 하나님은 "만일 네 입술이 정직을 말하면 내 속이 유쾌하리라"(잠 23:16)라고 하셨다.

사실 우리에게 일어나는 많은 문제는 초기에는 어렵지 않게 진압할 수 있는 때가 많다. 하지만 보고 싶지 않은 것은 보지 않음으로 실기하게 되면 문제는 걷잡을 수 없이 커지고 만다. 바둑판에서 훈수를 두는 이가 판세를 더 잘 읽는 것처럼, 곁에서 지켜보는 이가 상황을 더 잘 파악할 수도 있다. 이번에 드러난 청소년 사역자의 잘못된 행위는 십 년이 넘게 지속했다고 한다. 최근 논란을 일으킨 고검장급 인사의 뇌물 수수 또한 오랜 세월 동안 계속 이루어져 왔다고 한다. 누군가는 분명 그들의 일탈 행위를 눈치채고 있었을 것이다. 누구보다 당사자는 스스로 잘못된 길로 빠져들고 있음을 직감했을 것이다. 양심이 몇 번이나 브레이크를 밟아 줬을지도 모른다. 그 누군가는 그들에게 빨간약을 발라줬어야 했다. 아니 자기 스스로 아픔을 참고 상처에 약을 발라야 했다. 그랬던들 최소한 저리 곪아 터져서 좌초할 정도까지 되진 않았을 거다.

　대통령은 야당이 발목을 잡는다고 볼멘소리를 한다. 하지만 건강한 반대 목소리가 없으면 권력은 사유화된다. 북한에는 건강한 반대 목소리가 없다. 나라가 건강해지려면 시어머니처럼 잔소리하는 야당도 있어야 하고 권력자들의 음습함을 파고 헤치는 언론도 있어야 한다. 용비어천가를 부르는 이들만 주위에 포진하고 있다면 그 지도자의 미래는 물어볼 필요도 없다. 날이 덥다고 찬 음식만을 고집한다던 탈이 나는 것은 찬 음식이 아니라 그것을 즐겨 먹은 당사자이다.

　교회도 마찬가지다. 요즘 논란이 되는 대형교회가 안고 있는 문제가 한두 가지가 아니지만, 권력화, 사유화된다는 점은 독약과도 같다. 모든 시선이 하나로 모이고 그 초점만 바라보고 따른다면 건강한 목소리는 나올 수 없다. 권력은 집중되면 타락한다. 그 타락은 권력자 자신도 알지 못할 정도로 은밀하다. 집단이나 단체가 왜곡되지 않는 길을 가도록 하기 위해서는 의도적으로 조직 내에 건강한 목소리를 키워야 한다. 회사의 노동조합이나 감사 기구도 그러한 역할을 하는 한 축일 수 있다. 가정에서도 마찬가지다. 따라다니면서 잔소리하는 아내나 어머니가 없다면 그 가정이 건강하다고 볼 수 있을까? 성가시고 귀찮아도 퉁명스러운 잔소리가 있기에 잘못된 것들이 바로잡아지고 가정교육이 바르게 이뤄질 수 있다. 빨간약은 아프고 시리지만 건강을 되찾고 새 살이 돋게 한다. 난 여름만 되면 늘 빨간약의 그 기억이 새롭다.

최고입니까? 최선입니까?

올림픽 경기를 보다가 예전과는 다른 특이한 점을 하나 느꼈다. 그건 선수들의 자세였다. 많은 선수가 경기가 끝난 뒤 인터뷰에서 승패에 상관없이 경기 자체를 즐겼다고 말했다. 경기에 지고서도 상대방의 손을 높이 들어주거나, 메달을 못 땄지만 최선을 다한 자신에게 상을 주고 싶다고 말하는 모습을 보면서 성숙하고 훌륭한 스포츠인다운 자세를 느꼈다. 금메달만이 최고가 아니라는 말은 이제 우리에게도 레토릭이 아니라는 생각이 들었다. 선수들이 이런 자세를 가지고 있다면 줄곧 한국 스포츠계의 고민거리였던 엘리트 스포츠와 생활체육의 조화도 멀지 않아 보인다. 한국 스포츠도 이제 선진국형으로 변모하고 있지 않은가 하는 기대를 갖게 되었다.

올림픽 개막식을 보다가 처음 듣는 이름의 낯선 나라들이 너무 많아 놀랐다. 나름 시사상식을 갖추고 있다 자부했는데 생전 처음 들어본 이름의 나라들이 많아 적이 당황스러웠다. 아나운서는 무려 2백 개 국가가 넘는다고 했다(나는 대충 100개 좀 넘을 거라고 생각했다). 그 많은 나라 중 우리나라가 메달 집계에서 늘 상위권 자리를 차지한다는 게 대단하게 느껴졌다. 오래전 레슬링의 양정모 선수가 처음으로 금메달을 땄다며 온 신문과 방송이 도배질하던 때를 생각해보면 격세지감이 든다. 체력은 국력이라는데 이제 우리는 어느새 인구나 땅 크기, 경제력으로 우러러보던 막강한 나라들을 앞서가고 있다. 물론 엘리트 스포츠 정책 등의 문제를 꼬집으며 부정적인 의견을 제기하는 이들도 있다. 틀린 말은 아니다.

과거 동유럽 국가들은 국가 위상을 높이기 위해 정부가 스포츠 정책을 주도하며 메달을 휩쓸어갔다. 그러나 목표만을 세우고 돌진하다보니 부작용이 많았다. 특히 약물복용, 성전환 등 인간을 기계처럼, 동물처럼 메달 획득 도구로 삼은 방식이 들통나 큰 충격을 주었다. 예전에 구미 스포츠 현장을 살필 기회가 있었다. 당시 내가 알던 우리나라 선수들은 이를 악물고 훈련에 매달렸는데 서구 선수들은 운동 자체를 즐긴다는 점에서 근본적으로 차이가 있었다. 생활 스포츠가 대중화되어서 선수층이 두꺼웠고 그들 가운데서 더 뛰어난 선수들을 택하는 방식이었으므로 자연스럽게 바통이 이어졌다.

스포츠의 진정한 의미는 남을 이기는 것보다는 자기 자신을 이기는 싸움이라는 데 있다. 그래서 참가에 의의가 있다고 말한다. 경기에서 지거나 메달을 못 땄더라도 최선의 노력을 다했으면 그뿐이다. 세상 사람들은 메달 유무나 색깔로 선수의 가치를 따지지만, 누구보다도 자기 스스로를 잘 아는 선수는 승패를 떠나 최선을 다한 자신에 대해 자부심을 느껴야 한다. 그런데 과거 우리나라는 그렇지 못했다. 은이나 동메달을 따거나 경기에서 지면, 마치 죄라도 지은 양 고개를 떨어뜨리고 남들의 시선을 피하기에 바빴다. 기자들과의 인터뷰를 거부하기도 했다. 1등만을 최고로 여기는 1등 제일주의 사고 때문이다. 세상 풍조가 그렇다 보니 설령 금메달을 따거나 경기에서 우승했다 하더라도 교만하거나 그릇된 우월의식에 빠지기가 십상이었다. 그게 덫이 되어 스스로 파멸에 이르는 이들도 더러 있었다. 사실 우리에겐 그릇된 애국주의로 인한 뼈아픈 기억도 있다. 서울 올림픽 복싱 경기에서의 낯 뜨거운 오심 사건은 나라 망신은 물론 선수에게도 주홍글씨가 되어 두고두고 큰 상처로 남고 말았다. 메달을 따거나 못 딴 건 중요하지 않다. 자기 자신과 싸움의 결과에 뒤끝 없이 승복해야 하고 스스로가 생각하기에 경기력이 부족하거나 최선을 다하지 못했다면 다시 팔을 걷고 시작하면 된다. 설령 다시 올림픽에 출전할 기회가 없더라도 그 값진 경험을 인생길에서 쏟아 부으면 된다.

선수들이 경기하는 모습을 보면서 신앙생활도 엘리트형에서 생활형으로 바뀌거나, 아니면 둘이 잘 조화되어야 하지 않을까 생각해 봤다. 믿음이나 능력이 출중하거나 가시적으로 뛰어난 성과를 거둔 이들을 바라보고 쫓는 것도 중요하지만 주어진 상황에서 신앙인으로서 최선을 다하는 삶이 더욱 의미 있는 게 아닐까 싶다. 나는 정상에 오른 적이 없어 잘 모르지만, 정상에 오른 이들을 많이 만나보긴 했다. 그들의 공통점 가운데 하나는 뜻밖에도 허무함이었다. 줄기차게 목표를 향해서 자신을 채찍질하면서 살아왔는데 더 오를 곳이 없어서 오는 상실감, 모든 사람이 다 알아주고 손뼉 쳐주던 화려한 정상에서 서서히 잊혀가는 데 대한 두려움, 그로 인해 우울증에 빠지는 이도 있었고 심지어 자신을 방탕의 구렁텅이에 빠뜨리는 이도 있었다. 최근 TV에서 한 연예인이 인터뷰하며 이런 말을 했다. "제발 악플이라도 좋으니까 저에게 댓글 좀 많이 달아주세요." 장난처럼 얘기했지만, 그의 언급에는 대중들로부터 잊혀가는 것에 대한 두려움이 가득 담겨 있었다. 높은 곳에 오르면 내리막길만이 남아있음은 만고의 진리다.

루터는 이런 말을 했다. "모든 사람이 다 선교사가 되고 목회자가 되는 것이 하나님 뜻이 아니다. 젖 짜는 사람은 젖 짜는 일로 하나님께 영광을 올려드려야 한다." 각자의 현재 위치에서 하나님께 영광 올려드리는 게 진정한 하나님 뜻이다. 불교에 "향 싼 종이에서는 향냄새가 난다."라는 말이 있다. 그리스도인은 일상 가운데서 그렇게 그리스도의 향기를 내뿜어야 한다. 내가 의식하지 않더라도 주변 누군가가 "혹시 교회 다니시나 보죠?"라고 물을 수 있어야 한다. "나도 당신이 믿는 하나님 한번 믿어보고 싶습니다."라고 하면 더 바랄 나위도 없겠다. 신앙을 마치 공부나 운동, 사회적 성공 목표의 하나쯤으로 여기고 열심을 내 돌격대처럼 쳐들어가는 것보다 몸에 묻어 나오는 자연스러운 행위가 되도록 하는 것이 진정한 그리스도인의 자세가 아닐까 싶다. 목표만 추구하다 보면 허탈해질 수도 있고, 교만해질 수도 있고, 좌절감에 이를 수도 있고, 시기나 질투할 수도 있다.

인간은 자신의 내면에 있는 것들을 여러 가지 형태로 자연스럽게 외부로 표출한다. 언어로, 행동으로, 사고방식으로. 여수는 이런 말씀을 하셨다. "선한 사람은 마음에 쌓은 선에서 선을 내고 악한 자는 그 쌓은 악에서 악을 내나니 이는 마음에 가득한 것을 입으로 말함이니라"(눅 6:45). 또 이런 말씀도 하셨다. "나를 믿는 자는 성경에 이름과 같이 그 배에서 생수의 강이 흘러나오리라"(요 7:38). 내 안에서 흘러나오는 생수가 주위를 적시며 흐르게 하는 것이 우리의 삶의 목표다. 그러려면 먼저 내 안에 생수가 가득해야 한다. 그것은 사회적으로 내가 유용한 무엇이 된다거나, 무슨 큰일을 한다거나, 가시적인 성과를 거두는 것과는 전혀 상관없는 일이다. 오스왈드 챔버스Oswald J. Chambers는 "가장 축복이 되는 삶은 자신이 누군가에게 가장 큰 축복이 된다는 것을 의식하지 못하고 살아가는 것"이라고 말했다. 우리는 지금 이 순간에도 자신의 의지와는 상관없이 누군가에게 끊임없이 무언가 영향을 미치며 살고 있다. 내게 있는 그리스도의 향기가 넘쳐흘러 절로 퍼져나가면 참 좋으련만.

쓰레기와 하나님 뜻

　　　　　　나는 우리 집 쓰레기 당번이다. 아내가 분류해 놓으면 버리는 건 내 차지다. 그런데 요즈음 동네 쓰레기 컨테이너에 갈 때마다 눈에 거슬리는 게 있다. 머리띠를 두른 듯 쓰레기통에 펼쳐진 플래카드다. 다음 달부터는 쓰레기를 요일별로 종류에 따라 버리라는 거다. 월요일엔 플라스틱, 화요일엔 종이… 참으로 마뜩잖기 이를 데 없다. 시골 마을 주민들은 대부분 농사나 바다 일을 하는 노인들이다. 비 오는 날이나 물때에 관심이 있지 요일은 별 의미가 없다. 바쁠 때는 교인들조차 주일인지도 모르고 지나친다. 요일별로, 그것도 종류별로 쓰레기를 나눠버리라고? 그건 탁상행정의 전형이다. 정책을 내놓은 공무원이야 매일 출근하고 주말을 기다리니 요일이 확실하게 각인되겠지만 바쁜 일상 가운데서 플라스틱 버리는 날, 종이 버리는 날, 병 버리는 날을 기억할 사람이 몇이나 되겠는가?

　　제주도는 2020년 세계 환경 수도 타이틀에 도전한다. 이를 위해 탄소 없는 섬, 쓰레기 제로인 섬을 이루겠다는 목표를 세워놓고 있다. 참으로 바람직한 일이라 제발 좀 그랬으면 좋겠다. 천혜의 자연환경과 더불어 깨끗한 제주도의 가치를 더욱 극대화할 수 있을 테니 말이다. 그런데 실천 가능한 방식, 주민들 눈높이에 맞춘 정책을 내놓고 시행했으면 좋겠다. 아무리 좋은 제안이라도 방법이 좋지 않거나 어려우면 있으나 마나 아닌가?

구미 선진국들을 따라 하라는 건 아니지만 관점을 좀 바꿨으면 싶다. 미국이나 캐나다에서는 집 앞에다 쓰레기를 분리해 내놓기만 하면 된다. 종류는 재활용과 일반 쓰레기 두 가지인데 요일에 맞춰 쓰레기차가 와서 거둬 간다. 분류되지 않은 쓰레기는 절대 가져가지 않는다. 주민들은 아무 때나 문밖에 내놓으면 되기 때문에 요일을 굳이 따질 필요가 없다. 당국은 정해진 날에 정해진 쓰레기만을 수거하면 되니까 번잡스럽지도 않다. 가전제품이나 가구 등 지정된 쓰레기 이외의 것은 별도로 모아뒀다가 폐기물 처리장에 가지고 가면 된다. 행정당국이 아니라 주민들 편의를 우선으로 한다.

오래 전 기자 생활을 막 시작할 무렵 난지도에 취재하러 갔다. 당시 서울 시내의 모든 쓰레기는 난지도에 버려졌다. 그곳에서 큰 충격을 받았다. 거대한 쓰레기 산봉우리들이 퀴퀴하게 썩은 냄새를 쏟아내는 골짜기에 사람들이 살고 있었기 때문이다. 나무판자로 얼기설기 지은 오두막집 앞에서는 코흘리개들이 고무줄놀이를 하고 있었고, 젖먹이 어린아이는 더러운 쓰레기 뭉치 사이로 기어 다니고 있었다. 빼꼼히 열린 문틈으로는 밥 짓는 냄새가 흘러나왔다. 심지어는 나무 막대기를 얽어 십자가를 세워놓은 예배당도 있었다. 쓰레기들 사이에서 아무렇지도 않게 일상의 삶이 이뤄지고 있다는 사실에 말문이 턱 막혀버렸다. 안내를 위해 동행한 공무원은 더 놀라운 얘길 해줬다. "여기는 갈 데까지 간 사람들이 들어와 사는 곳이에요. 저희도 이곳에서 무슨 일이 벌어지는지 알 수 없어요. 사람들이 간혹 실종되기도 하지만." 오싹했다. 거대한 쓰레기 더미가 더럽기보다 무서운 괴물처럼 느껴졌다.

바닷가를 산책하다 보면 파도에 떠밀려온 엄청난 쓰레기들을 볼 수 있다. 냉장고나 자동차 바퀴, 오토바이 등 어떻게 저런 물건들이 바다에 들어갔을까 싶은 것들도 있다. 그 바다에서 먹을 것을 건져내어 먹고, 쓰레기를 다시 그곳에 내다 버린다. 그 쓰레기를 먹고 바다 생명체들은 오염되어 죽어가고 먹이사슬에 의해 인간도 서서히 죽어간다. 얼마 전엔 바다에 떠다니는 커다란 쓰레기 섬들이 발견되었다. '태평양 거대 쓰레기 더미'GPGP. Great Pacific Garbage Patch라 불리는 것 중 하나는 크기가 무려 한반도의 6배나 된다고 한다. 이쯤 되면 쓰레기는 '쓰레기 같은 존재'로 무시되어서는 안 되겠다.

환경문제의 중요성은 아무리 강조해도 지나치지 않는다. 그런데 많은 그리스도인이 환경과 신앙을 별개로 여기거나 너무 무관심하다. 기독교에서 '인간'은 모든 피조물의 중심이다. 하나님은 천지 만물을 창조하시고 보시기에 좋았더라고 하시면서 당부하셨다. "생육하고 번성하여 땅에 충만하라. 바다의 고기와 공중의 새와 땅에 움직이는 모든 생물을 다스리라"(창 1:28). 인간이 땅에 충만하기 위해서는, 모든 생물을 다스리기 위해서는 땅과 생물을 잘 관리해야 한다. 하나님이 만드신 피조물들을 세세토록 보전해 나가야 하는 게 관리인으로서 우리의 임무다.

그런데 공교롭게도 이 구절은 환경문제의 책임을 기독교 탓으로 돌리는데 인용되었다. 문화 역사학자인 린 화이트Lynn White가 내놓은 이른바 린 화이트 명제Lynn White Thesis로 그는 성경의 이 구절을 지적하며 환경파괴의 책임이 기독교에 있다고 주장했다. 즉 자연에 대한 기독교의 물질적 관점과 인간 중심주의적 세계관이 오늘날의 환경 파괴와 생태계의 위기를 가져왔다는 것이다. 그의 주장은 환경문제에 대해 기독교의 책임을 묻는 지평을 열었다. 이후 워스터Donald Woster 등 많은 학자가 이 이론을 더욱 확장해나갔고 역사학자 아놀드 토인비Arnold Toynbee 또한 환경문제가 자연을 비신성화하는 기독교의 유일신관 탓에 비롯되었다고 목청을 높였다.

과연 그들의 주장처럼 기독교는 환경문제에 대해 책임을 져야 하는 걸까? 사실 아우구스투스 이후 수많은 신학자의 초점은 신과 인간과의 관계에만 맞춰져 피조물의 한 축인 자연을 도외시했다. 이를테면 자연과 인간, 몸과 영혼, 물질적인 것과 영적인 것을 이분법적으로 구분함으로써 상호의존성이 제대로 이해되지 않았다. 즉 신학이 추구하는 물질 세계에 대한 무관심 또는 경멸이 환경오염이나 남용의 직접적 원인은 아니지만, 영향을 미쳤다고 볼 수 있다. 그렇다고 해서 뭉뚱그려 모든 것이 기독교의 책임이라고 말하는 것은 단순하고 과도한 해석이다. 실제 산업화나 과학기술, 상업주의 등 환경과 생태계를 악화시킨 요인은 훨씬 더 많지 않은가.

하나님은 홍수로 세상을 심판하신 후 노아와 그 가족들에게도 똑같은 약속을 하셨다. "생육하고 번성하며 땅에 가득하여 그 중에서 번성하라"(창 9:7). "나와 너희와 및 너희와 함께 하는 모든 생물 사이에 대대로 영원히 세우는 언약의 증거는 이것이니라"(창 9:12). 소위 이 무지개 언약은 인간들하고만 맺으신 게 아니라 모든 생물과도 맺으신 것이다. 즉 하나님은 인간과 생물, 자연 간의 공생 또는 상호의존적 관계를 강조하셨지 일방적으로 지배하라고 하신 게 아니다. 땅에도 안식년을 부여하신 하나님의 뜻을 헤아려보면 그 의도를 알 수 있다. 생태신학자인 맥페이그Sallie McFague 는 지구를 '하나님의 몸'이라고 본다. 그래서 피조물인 인간이 지구, 나아가 온 우주를 돌보고 보호해야 한다는 것이다.

프란츠 알트Franz Alt 라는 학자는 이런 말을 했다. "당신이 이 글을 읽는 오늘 하루 동안 우리는, 100가지 종류의 동식물을 멸종시키고 200만 헥타르(약 6천5십만 평)의 사막을 만들어내고 8600만 톤의 비옥한 땅을 침식시켜 파괴하고 1억 톤의 온실가스를 배출하고 있다."

요즈음 나는 도심 외곽에 있는 쓰레기처리장에 가서 음식물 쓰레기로 만든 비료를 사다 쓴다. 음식물을 발효해서 톱밥과 섞어 만들었다는데 냄새도 전혀 없다. 그 비료를 텃밭이나 정원 나무들에 수시로 뿌려준다. 20kg 한 포대에 2,500원이니 값도 싸고 효과도 아주 좋다. 게다가 골치 아픈 음식물 쓰레기를 처리하니 그야말로 일거양득 그 이상이다. 이같이 단순히 버려지는 쓰레기가 아니라 생명을 살리고 자원이 되는 쓰레기가 우리가 추구해야 할 환경정책이어야 하지 않을까 생각된다. 전문가들이나 행정당국이 그 방법을 고민해봐야겠지만 실천하는 건 우리 몫이다. 그러므로 행정적 편의만을 고려하거나 실천하기 어려운 방법이어서는 안 된다. 환경을 파괴하지 않는 행동에서부터 파괴된 환경을 되살리는 일까지 그것이 곧 신학이고 곧 하나님의 일로 이어진다.

@제주

다시 한국에서 살기

아내와 함께 건강검진을 받았다. 뜻밖에도 아내가 고혈압 진단을 받았다. 나는 다행히 고혈압은 아니지만 안심할 정도는 아니라고 했다. 사실 고혈압은 우리 집안 내력이다. 아버지도 혈압 때문에 평생 고생하셨고 형제들도 나를 제외하고는 모두 혈압약을 상복한다. 그래서 아내는 자신보다도 늘 나를 걱정하거나 주의를 주었다. 그런데 본인이 고혈압이라니. 왜 그동안 전혀 낌새도 없던 불청객이 찾아왔을까? 의사는 나이 들면 자연스레 생기기도 하지만 스트레스가 한 요인이라고도 했다. 의사의 입에서 스트레스라는 말이 나오자마자 퍼뜩 떠오르는 게 있었다. 바로 '고놈의 대통령'이었다. 이른바 '최순실 사건'이 드러난 이후 줄곧 아내는 TV만 보면 씩씩거리며 열을 올리곤 했다. 처음엔 나도 함께 맞장구를 쳤지만, 어느 때부턴가 아내의 목소리가 더 커지는 걸 보고 그만큼 내 볼륨을 줄였다. 아무리 생각해봐도 그 스트레스 말고는 이 좋은 산하에서 고혈압이라는 놈을 맞이할 이유가 없었다.

우리 부부는 이제 한국에 돌아온 지 4년째다. 오랫동안 우리는 세계에서 가장 살기 좋은 곳으로 손꼽히는 도시 밴쿠버에서 살았다. 그곳 사람들은 내가 한국으로 돌아간다고 하니까 '재미없는 천국'에서 '재미있는 지옥'으로 들어간다고 했다. 사실 그곳에서의 삶은 마치 시간이 정체된 듯한 느낌이었다. 요란한 사건들이 일어나지도 않아 뉴스는 간을 잃은 음식처럼 늘 심심했고, 복잡하지 않고 조용한 도시는 저녁 7시만 되도 아예 깊은 침묵 속으로 빠져들었다. 스트레스라면 마당에 잔디가 너무 빨리 자란다는 것이랄까!

현대사회에서는 만병의 원인으로 스트레스를 든다. 사람과 사람이 부대끼며 사는 일, 바라던 일이 잘 안 되고 오히려 원치 않는 상황이 발생하는 것 등 살아가면서 부닥치는 모든 일이 스트레스로 작용한다. 그렇다면 그놈의 스트레스만 없으면 편하고 행복해질까? 미국 애리조나주에 선 밸리 Sun Valley 라는 도시가 있다. 은퇴한 부자들이 모여 사는 유명한 곳이다. 최고의 의료와 편의시설들을 갖추고 있어 여생을 즐기기에는 최적의 환경이다. 그런데 얼마 전 그곳이 다른 도시 사람들보다 치매 발병률이 더 높다는 충격적인 보고서가 나왔다. 조사를 해 보니 세 가지가 없다는 분석이 나왔다. 스트레스, 변화, 걱정이었다. 변화와 걱정, 따져보면 그것도 다 스트레스의 하나이므로 결국은 스트레스가 없는 평온한 환경이 오히려 치매 유발의 한 원인이라는 것이다.

많은 이들이 스트레스로부터 해방되고 싶어 한다. 현대인들은 스트레스 해소라는 말을 입에 달고 산다. 일상에서 쌓이는 스트레스를 해소하기 위해 기발한 행위마저 서슴지 않는 이들도 많다. 하지만 스트레스를 해소하려는 게 오히려 더 스트레스로 작용할 수도 있다. 예전에 내 이웃

중에 유명 대학병원에 다니는 의사가 있었다. 그의 집 현관에는 낯선 기구가 있었는데 그의 설명에 따르면 잡균을 제거하는 기계라고 했다. 그 집에 들어서려면 그 기계를 통과하는 이상한 의식을 꼭 치러야 했다. 자신이 병원에 근무하기 때문에 혹시 모르는 세균들이 몸에 붙어서 집에 들어오는 것을 막기 위함이라고 했지만, 그 집에 갈 때마다 마치 내가 병원균 덩어리라도 되는 듯해서 유쾌하지 않았다. 실제로 그게 별로 효과도 없어 보였다. 몇 년 후 그 의사 자신이 암에 걸렸기 때문이다. 어쩌면 까다롭고 예민한 그의 성격이 오히려 스트레스가 되었을 지도 모른다.

얼마 전 성경을 읽다가 모세는 얼마나 스트레스를 많이 받았을까를 생각해보았다. 족히 2백만 명이 넘는 사람들을 낯선 땅으로 끌고 다니며 하나님과의 가교역할을 했으니 그의 삶은 늘 긴장과 갈등의 연속이었을 것이다. 더욱이 그들은 사사건건 딴죽을 걸거나 불평을 늘어놓았고 문제만 생기면 다들 그만 바라보고 있었으니 말이다. 짊어진 짐의 무게로 인해 시쳇말로 돌아버리고 싶은 심정이었을 게다. 그가 지팡이로 반석을 때린 건 그야말로 참다 참다 어쩔 수 없어 한 행위였다. 그의 속을 잘 아시는 하나님이 오히려 그거 한 번 눈감아 주지 않으셨다는 게 너무 야속하다 싶은 느낌마저 든다.

이 사건에 대해 많은 해석이 있지만 나는 가장 큰 문제는 모세가 자신의 정체성을 잃어버렸다는 데 있다는 생각이 들었다. 그는 흥분해 "우리가 너희를 위하여 이 반석에서 물을 내랴"(민 20:10)라고 말한다. 모세와

아론은 하나님의 손에 들린 도구일 뿐이었다. 그런데 도구가 주인 행세를 한 것이다. 하나님은 당장 그들을 향해 "너희는 이 회중을 내가 그들에게 준 땅으로 인도하여 들이지 못하리라"(민 20:12)라고 말씀하신다. 이후부터 모세는 또 다른 스트레스를 걸머지게 되었다. 자신이 아무리 고생하고 최선을 다한들 절대 약속의 땅에 입성하지 못한다는 것이었다. 목적지에 다다를 수 없는 걸음, 아무리 노력해도 달콤한 과실을 따먹을 수 없는 삶, 그것은 어쩌면 모세에게 닥친 그 어떤 문제보다 큰 스트레스였을 것이다. 그럼에도 이후로 그는 훌륭히 자신의 역할을 마무리 지었다. 그 므리바 물 사건을 계기로 자신이 누구인지에 대해 비로소 확실하게 알았기 때문일 것이다.

스트레스가 없는 인생은 없다. 문제는 그것을 어떻게 받아들이냐는 것이다. 스트레스를 이겨낼 수 있는 가장 큰 비결은 모세처럼 내가 누구인지, 자신의 정체성에 대해 잘 아는 것이다. 직장생활이 힘들더라도 일이 잘 안 풀리더라도, 가장으로서, 어버이로서, 자식으로서, 성도로서 내 역할이 무엇인지를 안다면 스트레스는 통제 가능한 범위 내에서 작용하게 될 것이다. 그래서 정신의학자들은 스트레스를 아내처럼 친구처럼 생각하고 함께 살라고 권한다. 피할 수 없으면 즐기라는 말이 있듯 누구에게나 찾아오는 스트레스와 동행하는 것이 오히려 정신건강에도 도움이 된다는 것이다. 스트레스를 벗어나려 하면 할수록 그 자체가 더 큰 스트레스로 다가오기 때문이다.

산다는 것은 잔잔한 호수 위를 유람하는 게 아니다. 거친 파도나 거센 태풍에 맞서기도 하고 얻어맞기도 하면서 돛을 내리거나 높이며 나아가는 항해와 다를 바 없다. 더 큰 목표나 목적지를 생각하면 사실 소소한 일상에서의 부딪침이나 성가신 일들에 대해 일일이 신경 쓸 여지도 없다. 얼마 전 TV에서 본 어떤 분은 자연이 좋아 산속에서 산다면서 아침마다 새총을 쏴대고 있었다. 새소리가 시끄러워 새들을 쫓아낸다는 것이다. 그가 생각하는 자연이란 과연 무엇일까?

요즘 선 밸리의 노인들은 다시 원래 살던 곳으로 유턴하고 있다고 한다. 부대끼고 갈등하면서 사는 삶의 가치를 깨달은 것이다. 꼼꼼하고 붙임성 없는 내 아내도 이제부터 고혈압이라는 새 동무를 맞아 친하게 지내기로 한 것 같다. 수시로 인터넷을 뒤지며 운동에 나서고, 혈압에 좋지 않은 음식들이 식탁에서 하루아침에 사라지는 걸 보면 아내의 새 친구인 그 녀석의 덕을 보는 것 같아 무척 고맙다. 어느 광고 문구처럼 '또 하나의 친구'를 '재미있는 지옥'에서 만나게 되었다. 반갑다.

이별은 만남이다

　　　　　　　　며칠 동안 서울에 머물다 왔다. 오랫동안 성가시게 굴던 장기를 일부 제거하는 수술을 받기 위해서였다. 큰 수술이 아닌지라 사실 계획도 않고 있다가 병원으로부터 갑자기 연락을 받고 아무 준비 없이 서둘러 상경했다. 난생처음 하얀 시트가 길게 펼쳐진 수술대 위에 오르니 그제야 덜컥 겁이 났다. 천정에 밝은 불빛을 역광으로 가운을 뒤집어쓴 의사들이 음영으로 다가오는 순간 나의 일생을 다스리셨던 '그분'을 떠올리지 않을 수 없었다. 미지의 세계를 향해 첫 발걸음을 뗄 때는 두려움의 상황 가운데서 '그분'을 되뇌어 불렀다. 마치 세상과의 마지막을 고하는 듯, 벌거벗겨진 채 심판대에 올라서 있는 듯했다. 그렇게 비장하게, 평생 내 몸의 일부가 되어준 녀석과 이별 의식을 치렀다.

　　우리는 늘 이별을 하며 산다. 사실 산다는 게 곧 이별이다. 빠알간 동백 꽃잎이 부는 바람 한 자락에 가지로부터 속절없이 떨어져 나가 뒹굴 듯, 온 밭을 황금색으로 물들이던 귤들이 푸르죽죽한 이파리와 무채색 등걸만 남기고 무심하게 사라지듯, 시린 가슴을 안고 떠나기도 하고 보내기도 한다. 또 한 해가 그렇게 우리 곁을 떠나간다. 헛된 욕망과 좌절과 아픔과 희열과 회한들을 앨범 속의 빛바랜 사진처럼 기억으로 남겨두고. 아니, 사실 그가 떠나는 게 아니라 우리가 떠나고 있다. 안드레아 보첼리와 사라 브라이트만이 함께 불렀던 'Time to say goodbye'라는 감동적인 노래가 떠오른다. 그들이 읊었던 것처럼 우리는 '더 이상 존재하지 않는 곳' no no non esistono pi 을 향해 막 항해를 시작하고 있다.

이별은 늘 새로운 만남을 기약한다. 아니 이별 자체가 곧 새로운 것과의 만남이다. 항구에서 떠난 배는 더 넓은 바다, 다른 상황, 또 다른 항구와 만나게 될 것이고, 마른 가지와 이파리만 남은 무표정한 나무들은 상실의 아픔이 채 가시기도 전에 다시 새로운 꽃과 벌, 나비를 만나 활기를 되찾을 것이다. 한 달여 전 새끼를 낳아 내보낸 아랫집 개 하늘이는 새 짝을 만나 새 생명을 잉태하게 될 것이고, 나는 이제 반백 년 동안 내 몸을 지탱해왔던 장기가 없이 새로운 세상을 살게 될 것이다. 이별은 곧 그렇게 새로움이므로 그리스도인들에게는 침착沈着보다는 부상浮上 또는 부응符應 의 의미로 받아들여져야 할 것 같다. 세례 요한은 비참하게 최후를 마쳤지만 새로운 시대를 선언함으로 구약과 신약시대를 가르는 역할을 성실히 마무리 지었다. 예수 그리스도는 십자가 고통 가운데서 세상과 작별하심으로 온 세상에 소망 가득한 새날을 열어주셨다. 이별은 늘 그렇게 아픔이지만 또 다른 기대와 만남, 소망의 장을 여는 창이기도 하다.

그렇게 기대 가운데 새날을 맞이하기 위해선 우리 자신의 준비가 선행되어야 한다. 어릴 적 내 어머니는 섣달그믐이 다가오면 커다란 대야를 가져다가 물을 데워 부엌에서 아들 둘을 목욕시키셨다. "까마귀가 형님, 형님! 하는 몸으로 어떻게 낯짝도 없이 새해를 맞겠느냐?"면서. 새 날을 맞이하는 우리 그리스도인들이 먼저 해야 할 일 또한 때 묻은 '영'을 씻어내는 것이다. 씻어내지 않으면 사탄이 "형님, 형님!"하고 쫓아올지도 모를 일이다. 요한은 "회개하라 천국이 가까이 왔느니라"(마 3:2)라고 외치며 하나님 나라의 도래를 선언했다. 열두 제자가 세상 속으로 파송된 뒤 가장 먼저 한 일 또한 회개의 선언이었다. 예수는 광야에서 사탄의 시험을 이겨내고 그때부터 회개를 선포하셨다. 회개는 그렇게 새로운 시대를 위해 그리스도인들이 거쳐야 할 필수과정이다. 스가랴 선지자의 언급처럼 "죄와 더러움을 씻는 샘"(슥 13:1)이 솟구쳐 나올 때 더러운 찌꺼기들이 제거되고 비로소 맑은 물을 마실 수 있게 될 것이다.

그리스도인이란 예수 그리스도를 믿는 사람이다. 믿는다는 것은 자기 자신을 전적으로 상대에게 맡기는 것이다. 비행기에 올라타는 것은 조종사를 믿고 내 육신을 그에게 맡기는 것이다. 나는 수술칼을 든 의사를 믿고 몸을 내맡겼다. 마찬가지로 그리스도인들은 하나님을 믿음으로 그분의 통치 아래 자신을 내어드려야 한다. 그것은 곧 낯익은 욕망과 죄에 대해 이별을 고하는 것이다. 그러므로 아프고 괴로울 수도 있겠다. 산해진미인 줄 알고 맛있게 먹었던 음식에 독이 들어있었다면 바로 토해내야 한다. 냄새가 나고 역겹고 괴롭더라도 토해내야 비로소 뱃속의 평화를 다스릴 수 있다. 존 밀턴은 "회개는 영원의 궁전을 여는 황금 열쇠"라고 했다. 이제 그 열쇠를 들고 새로운 시대의 문을 열고 다시 나아가야겠다.

가짜뉴스

오래전 언론사 기자 생활을 막 시작하던 무렵 선배들은 늘 중립을 지켜야 한다고 말했다. 나는 그게 불편부당을 추구하는 언론이 취해야 할 마땅한 자세라고 여겼다. 그런 관점에서 기사를 살펴보니 하나같이 객관성을 보이려고 노력하는 게 눈에 띄었다. 특히 어떤 사안을 놓고 의견이 대립할 때에는 반드시 양쪽 견해를 다 실었다. 소위 '조지는' 기사를 쓸 때도 상대의 반론권을 보장해줬다. 그런데 양비론적 태도를 취하는 것이 마음에 들지 않았다. 그 또한 불편부당 원칙 때문인 듯했지만, 개인적으론 내심 영 못마땅하게 생각됐다. "A가 잘못했지만, B도 잘했다고 볼 수 없다"라는 논리, 누가 언론에 옳다 그르다 판정할 권리를 주었단 말인가? 언론의 역할은 재판관이 아니라 watch dog이어야 한다는 게 당시 나의 신념이었다.

마샬 맥루한은 미디어가 곧 메시지라고 했다. 신문방송학에서는 고전과 같은 낡은 얘기다. 지금 우리가 읽는 성경은 책이라는 매체가 없었으면 전해 내려올 수 없었다. 물론 점과 선의 조합인 글이 없었으면 기록되지도 않았을 게다. 잉카문명이 평가절하되는 이유, 북미 인디언들의 문화가 제대로 대접받지 못하는 이유는 제대로 된 기록이 남아있지 않아서이다. 만주지역으로까지 영토를 넓혀나갔던 발히 문명도 바로 그런 이유로 제대로 인정받지 못하고 있다.

미디어는 시대에 따라 발전한다. 그러므로 기독교의 메시지 전달 방법도 시대에 맞춰 변해야 한다. 하나님은 말씀으로 세상을 창조하셨다. 그분은 변화무쌍한 시대의 흐름 가운데서, 바로 지금, 이 순간에도 끊임없이 우리에게 말씀하고 계신다. 만약 우리가 전통적인 방법만을 고집한다면 마침내는 우리에게 말씀하시는 하나님의 보폭을 따라잡을 수 없게 될지도 모른다.

미국에 라디오가 처음 등장했을 때 얘기다. 조그만 상자 속에서 흘러나오는 사람의 목소리는 신기하기 이를 데 없었다. 사람들은 세상 모든 소리가 담겨있는 라디오 앞으로 몰려들었다. 시쳇말로 인기짱이었다. 그런데 기독교단체들이 이의를 제기했다. 라디오는 사탄의 무기이므로 듣지 말아야 한다는 것이다. 그들은 성경 말씀을 내세웠다. 라디오는 공중에 전파를 쏘아서 만들어내므로 '공중권세 잡은 자'의 것이라는 게 그 이유였다.

프란시스 쉐퍼는 "하나님은 종교적 진리라고 부르는 것들에서 뿐만 아니라 역사와 과학의 영역에 이르기까지 언어로 표현된 형식으로 인간과 의사소통 하신다"라고 말했다. 공중권세 잡은 자의 것이라고 라디오를 외면할 이유도 없고 바보상자라고 TV를 내버려야 할 필요도 없다. 인터넷과 디지털로 대변되는 21세기의 상황에서도 끊임없이 말씀하시는 하나님의 음성을 들어야 한다. 한편으로는 우리에게 허락하신 그 이기들을 이용해 하나님을 전할 수도 있어야 할 것이다. 문학, 과학, 예술 등 모든 게 다 그런 역할을 할 수 있다. 물론 최근 유행하는 랩이나 힙합을 통해서도 얼마든지 하나님께 영광을 올려드릴 수 있을 것이다.

다만 주의해서 살펴봐야 할 것은 매체를 이용해서 생산되는 포장지 안에 든 내용물이다. 하나님이 주신 선물들을 더럽히거나 악용하지 말아야 한다. 아무리 고급스럽고 값비싼 금그릇이라도 더러운 구정물을 담고 있다면 제 역할이나 값어치를 못하는 것이다. 구정물이 절대 먹는 물이 될 수도 없다. 같은 칼이라도 누구의 손에 들려있느냐에 따라 요리 도구도 되고 흉기도 된다.

최근 가짜 뉴스fake news가 전 세계적인 골칫거리로 떠오르고 있다. 사실을 교묘하게 조작, 편집함으로써 왜곡하거나 거짓을 진실처럼 포장해 퍼뜨리는 것이다. 가짜뉴스는 미국 대선을 기점으로 크게 부각됐다. '교황이 트럼프를 지지한다', '클린턴 이메일을 유출한 FBI 요원이 살해됐다'라는 등 거짓이 유포되면서 위력을 떨쳤다. 가짜뉴스는 오보와는 근본적으로 다르다. 악의적이므로 일종의 범죄행위이다. 그 자체도 문제지만 그로 인해 벌어지는 결과는 걷잡을 수 없다. 미국에서는 가짜뉴스로 인해 총기 난사 사건이 일어나기까지 했다. 모든 행위에는 의도가 있다. 가짜뉴스가 생산되는 이유는 이해관계로 연결되기 때문이다. 상대방을 음해해 타격을 입힘으로써 반사이익을 얻거나 경제적 사익을 취하기 위함이다. 트럼프를 지지하는 가짜 뉴스 사이트를 개설한 17세 소년은 6만 달러라는 거금을 챙긴 것으로 알려졌다.

가짜뉴스는 큰 이벤트나 사회적 이슈가 등장한 상황에서 특히 기승을 부린다. 대선을 앞둔 독일이나 프랑스도 지금 골치를 앓고 있고 대통령 탄핵국면으로 뜨거운 우리나라에서도 우려할 만큼 급격히 늘고 있다. 정치 현안에서부터 유명인들의 사생활에 이르기까지 그 범주도 크고 다양하다. 가짜뉴스는 독버섯이 눈에 잘 띄는 색깔로 치장하는 것처럼 자극적이고 과장됨으로 더욱 눈길을 끈다. 그래서 전파력이 크다.

하지만 이를 규제하기 힘든 이유는 풍자나 해학고 구분이 모호하기 때문이다. 잘못하다간 표현의 자유를 해치게 될 수도 있다. 과거 군사정권 시절에는 '유언비어 유포 혐의'라는 게 아주 무서웠다. 가짜뉴스를 단속하는 측면도 있었지만, 오히려 진실을 감추려는 의도로 죄의 올가미를 뒤집어 씌우기도 했다. 이제는 시대가 바뀌어 그럴 염려는 없는 듯하니 가짜뉴스에 대해 정부가 팔짱만 끼고 있어서는 안 될 것이다. 언론 스스로 watch dog과 재판관의 역할을 겸해야 한다. 또 뉴스 수용자인 시민들은 위장한 가짜언론을 스스로 가려내야 할 것이다. 객루한의 언급을 다시 갖다 붙이자면 매체 자체가 거짓 메시지인 경우도 많기 때문이다. 참으로 피곤한 세상이다. 이러다 '가짜뉴스 감별사'라는 신종 직업이 생기지 않을까 싶다.

가짜의 반대는 진짜다. 진짜는 진실이요 진리이다. 가짜는 진실을 거짓으로 왜곡시키는 것이다. 진실은 하나님의 특징이요 거짓은 사탄의 속성이다. 성경은 마귀를 일컬어 "거짓말쟁이요 거짓의 아비"(요 8:44)

라고 했다. 하나님을 향하지 않으면 하나님을 거스르는 것이다. 모든 범죄의 뒤란을 살펴보면 그 최후에는 늘 음험한 '거짓'이 도사리고 있다. 단언컨대 가짜뉴스는 사탄의 영역이다. 그러므로 가짜뉴스를 만들거나 유포하는 행위는 곧 사탄의 앞잡이를 자처하는 것이다.

거짓말은 하면 할수록 늘어나고 무감각해진다. 최근 영국 런던대학ucl 심리학과 연구진은 이를 뇌과학적으로 밝혀냈다. 실험 결과 작고 하찮은 거짓말이나 부정직한 행동을 하면 뇌 편도체 활동이 급증했다. 그것이 바로 '양심에 찔리는 감정'이다. 이로 인해 거짓말을 하는데 제동이 걸렸다. 그러나 다음에도 거짓말을 할 경우엔 편도체 활동량이 줄어들고 제동력이 그만큼 더 약해져 이후부터는 점차 자연스럽게 더 큰 거짓말을 할 수 있게 되었다.

성경은 "자기 양심이 화인을 맞아서 외식함으로 거짓말하는 자들이라"(딤전 4:2)고 했다. 이 구절에 대해 공동번역본은 "거짓말쟁이들의 양심에는 사탄의 노예라는 낙인이 찍혀 있다"고 표현한다. 편도체의 활동량이 줄어드는 것은 곧 사탄의 노예라는 표시인 셈이다. 런던대학 연구진은 편도체의 감소를 막는 게 무엇인지, 즉 거짓말을 반복 확대하지 않도록 하는 요인이 무엇인지를 계속 연구할 예정이라 한다. 새로운 연구 결과가 밝혀지면 현대판 퇴마사가 탄생할 수도 있겠다. 하지만 그 전에 우리가 거짓의 꾐에 빠지지 않고, 무엇보다 스스로 깨어 영적 분별력을 가질 때 사탄은 그 설 자리를 잃게 될 것이다. 지금 우리는 가짜뉴스라는 새롭게 형성된 전쟁터에서 거대한 사탄과의 영적 전쟁을 시작하고 있다.

감옥에 하나님이 계신다

작가 정연희 씨의 인터뷰 기사를 읽었다. 죄송스런 표현 같지만 아직 살아계시는 것만으로도 무척 반가웠다. 어린 시절 내가 하릴없이 빈둥거리다 거실 서재에서 집어 든 책 중 하나가 그녀의 글이었다. 섬세한 그 표현과 묘사력에 매료돼 몇 번이고 작가의 이름을 거듭 확인해보는 사이 그 이름 석 자가 내 뇌리에 콕 박혀버렸다. 워낙 오래전 일인지라 인터뷰 기사를 접하는 순간 나이부터 궁금해 살펴봤다. 올해가 등단 60주년이고 이미 여든을 넘기셨단다. 그러고 보니 워낙 젊은 나이에 등단하셨던 모양이다. 세월의 더께가 새털처럼 가볍게 느껴진다. 그녀는 흔히 기독교 작가로 불린다. 기독교적인 색채가 드러나는 글들을 줄곧 썼기 때문이다. 그 계기가 젊은 시절 별로 아름답지 못한 일로 구치소에 들어가 신앙의 눈을 떴기 때문이라고 했다. "모든 씨앗에 씨눈이 있듯이, 인간의 영혼에도 씨눈이 있다. 나는 구치소에서 씨눈이 벗겨졌다."

조선시대 때 정온鄭蘊이라는 문신이 있었다. 절개와 충절이 높았던 그는 영창대군의 복위 상소를 올렸다가 광해군에 의해 투옥되었다. 감옥에 들어가며 그는 시를 읊는다. "삼월이라 삼진날, 젓대 소리 들려오는데 어이해 포승에 묶여 복당문福堂門에 혼자 드나." 내용인즉, 삼월 삼진날이라 밖이 떠들썩한데 나는 왜 이 즐거운 날 포승줄에 묶인 채 감옥에 들어가느냐는 뜻이다. 흥미롭게도 그는 감옥을 복당, 즉 복 받은 집이라 부르고 있다. 그는 얼마 후 더 큰 복당으로 옮긴다. 제주도 대정현으로 유배되어 위리안치 상태에서 또다시 10여 년을 보냈다. 그러나 그는 다른 유배자들처럼 낯선 타향 땅에서 낙망하며 신세를 한탄하거나 허송세월하지는 않았다. 자신을 스스로 죄인으로 여기며 마을 사람들에게 글을 가르치는 한편 책을 썼다. 그러다 후에 인조반정으로 등용되어 이조참판에까지 오르게 된다. 쌓은 공덕이 많아 제주의 오현五賢 중 한 사람으로도 꼽히게 됐으니 정치적으로 인간적으로 그야말로 복당의 덕을 톡톡히 본 사람이다.

성경에도 그런 인물이 나온다. 바로 요셉이다. 그는 친위대장 보디발의 아내에 대한 강간 미수죄로 감옥에 들어갔다가 팔자를 고친다. 물론 그 과정에서 겪은 실망감이나 험한 세월이야 이루 말로 다 할 수 없겠지만 그는 그곳에서 술 맡은 관원장을 만나고 그 덕분에 왕의 꿈을 해석함으로써 일약 총리의 자리에 오르게 된다. 죄수 신분에서 '일인지하 만인지상一人之下萬人之上의 자리에 올랐으니 인생 역전도 이 정도면 슈퍼급이다. 그의 굴곡진 인생은 우연이 아니었다. 성경은 그가 어딜 가든지 하나님이 함께 하셨다고 했다. 이를 다시 말하면 요셉은 어디에 있든지 하나님을 찾고 하나님과 동행했다는 뜻이다.

바울과 실라는 감옥을 예배처소로 이용했다. 감옥에 갇힌 상태에서도 모든 사람이 다 듣도록 기도하고 찬송했다. 그들은 아무 죄도 없어 무척 억울한 상태였고 옷이 찢긴 채 매까지 심히 맞은 상황이었으므로 육체적으로 정신적으로 몹시 힘들고 지쳐있었을 터. 그런데 그 순간 갑자기 천재지변이 일어나서 감옥 문이 열리고 차꼬가 벗겨졌다. 천재일우의 기회다. 하나님이 하신 일이라고 단언할 수도 있겠다. 그렇다면 얼른 도망가야 한다. 그러나 그들은 안 그랬다. "주 예수를 믿으라 그리하면 너와 네 집이 구원을 받으리라"(행 16:31). 그 기회를 이용해서 복음을 전하고 세례를 베풀었다. 나는 이 대목이 하나님의 시험이었다고 생각한다. 갑자기 일어난 지진, 벗겨진 차꼬, 무죄함. 그 상황 가운데서 하나님은 그들을 살펴보신 거다. 아마 백이면 아흔아홉은 "아이고, 하나님 고맙습니다. 역시 하나님은 살아 계시군요!"하고 도망갔을 거다. 그러나 바울은 그 순간을 자신을 위해 쓰지 않고 하나님을 알리는 기회로 삼았다. 멋지게 시험을 통과했다. 만점짜리다. 하나님으로부터 인정함을 받은 감옥은 곧 그의 복당이었다. 바울 사도의 진가는 빌립보서에서도 확연히 드러난다. 그는 감옥에서 그 글들을 썼다. 갇혀있으면서도 줄곧 기쁨과 소망과 사랑에 대해 설파한다. 영혼의 씨눈이 벗겨져 도가 튼 사람이 된 것이다. "어떠한 형편에든지 나는 자족하기를 배웠노니 나는 비천에 처할 줄도 알고 풍부에 처할 줄도 알아 모든 일 곧 배부름과 배고픔과 풍부와 궁핍에도 처할 줄 아는 일체의 비결을 배웠노라. 내게 능력 주시는 자 안에서 내가 모든 것을 할 수 있느니라"(빌 4:11~13).

우리 시대의 지성으로 꼽히는 신영복 교수는 "감옥에서는, 특히 독방에 앉아서는 모든 문제를 근본적인 지점에서 다시 생각하게 된다"고 했다. 체제전복 공안사범으로 몰려 20년간이나 옥살이를 했던 그는 가석방되자마자 《감옥으로부터의 사색》이라는 책을 써서 베스트셀러 작가 반열에 올랐다. 청춘의 모든 것을 다 앗아간 한스럽고 억울하고 증오 가득한 감옥생활 가운데서 오히려 자신을 성찰하고 진정한 삶의 가치를 추구하며 사색의 폭과 깊이를 더욱 풍성하게 이뤄냈다. 그래서 그는 감옥을 '교실'이라 불렀다. 그는 자신의 깨달음의 단면에 대해 이렇게 말한다. "큰 슬픔이 인내되고 극복되기 위해서 반드시 동일한 크기의 기쁨이 필요한 것은 아니다. 작은 기쁨이 이룩해내는 엄청난 역할이 놀랍다." 그래서 그는 무감할 수 있는 계절의 흐름 가운데서도, 동료 죄수의 부채질하는 손길에서도 감사와 기쁨을 맛봤다. 사방으로 꽉 막힌 감옥에서 오히려 자유로움을 누리고 감사와 기쁨을 느낄 수 있었던 건 아마 그의 영혼의 씨눈이 벗겨졌기 때문일 것이다.

학창 시절 나도 한때 경찰서 유치장 신세를 진 적이 있었다. 시절이 하 수상해서 기침만 크게 해도 잡혀가던 시절이었다. 길지 않은 시간이었지만 그곳에서 나는 자유라는 소중한 가치를 새삼스레 삶의 최우선순위로 끌어올리게 되었다. 밖으로 나오던 날 얼싸안아주던 선배들보다도 반가운 게 있었다. 5월의 푸른 하늘과 나무들의 싱싱함, 그리고 맑은 공기와 새소리. 낯익은 일상과 다시 마주할 수 있음에 절로 눈물이 났다. 세상에서 지낼 때는 몰랐던 소중한 자유의 가치였다. 생각해보니 참 단순했다. 사실 진정한 자유는 밖에 있는 것만이 아닌데도 말이다. 씨눈이 벗겨져야 옥중에서도 자유로움과 기쁨을 누리는 경지에 이르러 진정한 복당을 맛봤을 텐데, 그러기엔 난 너무 어리고 부족했다.

　몇 해 전 최태원 SK그룹 회장의 모습이 주요 뉴스를 장식했다. 2년이 넘는 수감생활 끝에 특별사면을 받고 출소하던 날 그의 손에는 까만 성경책이 들려 있었다. 수많은 카메라 플래시가 자신을 비출 것을 알고서 보란 듯이 의도적으로 한 행동 같았다. 재벌 총수와 감옥과 성경책, 그가 들고 있던 성경책은 여러 가지를 시사해줬다. 새사람, 새 출발, 변화, 정직 등 긍정적인 가치들을. 그의 주변 사람들은 이전에도 그가 교회에 출석했으나 감옥에서 성경을 읽고 새롭게 신앙이 깊어졌다고 했다. 이덕무는 "사람이 감옥에 갇혀 고생하면 착하게 살려고 생각한다"고 했다. 그러니 재벌 총수의 회심은 사회적으로도 적지 않은 의미가 있었다. 그런데 몇 달 뒤 그는 공개적으로 충격적인 고백을 해 세상을 놀라게 한다. 자신의 불륜과 혼외 자식, 그리고 본처와의 이혼 선언. 뉴스를 보면서 나는 그가 들고 나온 성경책의 의미를 다시 생각해보지 않을 수 없었다. 씨눈이 벗겨졌음의 선포? 깨달음? 커밍아웃? 이제부터 정직하게 살겠다는 의지의 표현? 아니면 그냥 장식용? 나는 지금도 왜 그가 성경책을 들고 나왔는지 모르겠다. 다만 좋게 생각하고 싶다.

　이재용 삼성전자 부회장이 최순실 사태로 수감된 뒤 다수의 종교 서적을 영치품으로 받았다고 한다. 이 부회장은 그동안 특별한 종교를 믿지 않는 것으로 알려졌다. 그래서 그가 수감생활을 하면서 종교에 관심을 갖게 된 게 아니냐는 분석이 나왔다. 기독교 서적과 불교 서적이 함께 반입됐다니 그 의미는 좀 모호하다. 아마 물에 빠진 사람이 지푸라기라도 잡으려는 심정이 아니었을까 싶다. 어찌됐든 세계적인 기업을 이끄는 수장의 씨눈이 벗겨져 바르고 의롭게 살기로 한다면 자신은 물론 국가를 위해 얼마나 복된 일이겠는가? 제발 그렇게 되길 바란다. 그렇다면 그가 지옥처럼 겪은 장마철, 삼복더위의 감옥은 그의 인생가운데 그야말로 진정한 복당이 될 것이다.

@서울

장모님 활용법

구순이 넘으신 장모님이 오셨다. 의외 정정한 분이셨는데 오랜만에 뵈니 부쩍 왜소하고 야위셨다. 올여름 유례없는 무더위 때문만은 아닌 듯했다. 곱던 얼굴엔 전엔 보이지 않던 검버섯 같은 것도 새로 생겨났다. 걸음걸이는 둔해지고 눈에 띄게 말이 없어지셨다. TV를 보며 대화를 나누다 조용해서 돌아보면 혼자 먼 데를 응시하고 계셨다. 이미 병원에서 치매 진단을 받긴 했지만, 그동안 별 이상이 없어 크게 걱정하지 않았는데 상태가 부쩍 안 좋아지신 듯했다. 갑자기 "여기가 어디냐?"고 묻기도 하고 자녀들을 헷갈리기도 하셨다. 고장 난 녹음기처럼 똑같은 얘길 하루에도 수십 번씩 되풀이하는가 하면 바로 조금 전 일도 전혀 기억하지 못하셨다. 안쓰럽고 안타까운 마음 한편으론 타임머신을 탄 듯 시간과 공간을 초월하며 넘나드는 모습이 무척 자유로워 보이기도 했다. 언뜻 이런 생각이 들었다. 우리는 자신도 모르게 자신을 스스로 정형화된 사고나 인식의 테두리 안에 가둬놓고 살아가는 건 아닐까 하는.

장모님처럼 기억을 잊고 싶지 않아도 잊어버리는 사람이 있는가 하면 일부러 잊어버리거나 잊어버린 척하는 사람들도 있다. 고위공직자 등의 청문회 때마다 등장하는 대답 가운데 가장 많이 남용되는 게 "잘 기억이 안 난다"라는 말이다. 상식적이고 당연한 사실도 자신에게 불리하면 "잘 기억나지 않는다"라고 말하면 면피가 된다. 병이 약이 되는 것이다. 당사자가 모르겠다는데 다그쳐봐야 뭐 하겠는가? 최근 전두환 전 대통령이 알츠하이머병에 걸려 기억을 하지 못하므로 법정 증언을 할 수 없다는 보도가 나왔다. 병원 기록은 없고 주변 사람들의 주장이니 객관적으로 확인해 볼 도리가 없다. 막말로 본인이 기억이 안 난다면 그런가 보다 할 수밖에 없고, 미친 척하면 미쳤다고 인정할 수밖에 없다. 사실 어쩌면 그분은 이미 오래전부터 치매 증상이 있었던 게 아닌가도 싶다. 호화롭게 살면서 전 재산이 29만 원밖에 없다고도 했고, 광주민주화운동 당시 최고 권력자였으면서도 자신은 전혀 무관하다고 오리발을 내밀었으니. 그런데 기억상실증에 걸렸다는 분이 회고록은 어떻게 썼을꼬?

아우구스티누스는 "인간의 모든 지식은 기억의 창고에 있으므로 기억이 없다면 인간은 완전한 무지 속에 있는 것"이라고 했다. 그러므로 기억을 잃어간다는 것은 자신의 존재가치를 잃어가며 죽음 속으로 걸음마를 하고 있다는 표식이나 마찬가지다. 그것은 참으로 괴로운 일이다. 오죽하면 치매보다 암이 차라리 낫다고 하겠는가? 초고령화 사회로 접어들면서 치매 환자 수도 급증하고 있다. 미국은 65세 이상의 11%라고 하고 우리나라도 이미 10%를 넘어섰다고 한다. 전문가들은 앞으로 10년 이내에 환자 수가 거의 배로 늘어날 것으로 예상한다. 어쩔 수 없는 노화현상이든, 일부러 기억을 지워버렸든 나이 든다는 것은 과거의 기억들로부터 점점 멀어져 가고 있다는 증거다. 그것은 우리의 기억이 사라져가듯 우리의 존재도 곧 잊히게 될 것을 예고하는 것이다.

이스라엘 백성은 영적 치매에 걸려 있었다. 의도적이었는지 자연스러운 현상이었는지는 모르겠지만 그들은 늘 과거를 잊고 살았다. 사실 하나님은 그들의 영적 치매를 예견하셨으므로 줄곧 그들에게 주의하라고 경고하셨다. 출애굽 할 때도, 가나안 땅에 들어갈 때도 늘 고비마다 '기억하라'고 신신당부하셨다. "너는 애굽에서 종 되었던 일과 네 하나님 여호와께서 너를 거기서 속량하신 것을 기억하라"(신 24:18). "너는 광야에서 네 하나님 여호와를 격노하게 하던 일을 잊지 말고 기억하라(신 9:7). 하나님은 늘 그들을 마음에 두고 기억하셨지만, 이스라엘은 하나님을 기억하지 않았다. 아니 자신의 기억 속에서 의도적으로 하나님을 지워버렸다. 하나님은 탄식하신다. "소는 임자를 알고 나귀는 주인의 구유를 알건마는 이스라엘은 알지 못하고 내 백성은 깨닫지 못하도다"(사 1:3). 은혜를 잊어버린 그들을 소나 나귀 같은 짐승보다 못한 존재로 여기셨다.

지금 우리도 이스라엘 백성들과 별반 다를 바 없다. 입으로는 하나님의 은혜를 말하면서도 실상은 하나님을 외면하기가 일쑤고, 세상에서 조그만 성과라도 거두면 자신의 능력 때문인 양 과시하며 하나님은 제쳐두고 자신을 드러내려 기를 쓴다. 하나님을 빙자해 사람들로부터 인정받고 싶어 하기도 한다. 그런가 하면 하나님에 대한 첫사랑을 기억하지 못하고 필요할 때만 찾거나 바리새인 같은 외식적 신앙인으로 자신을 전락시키는 이들도 많다. 형식적인 주일 성수, 마지못해 드리는 예배, 말씀과 유리된 실생활, 기복적 태도…

베르그송은 '인간은 기억하는 존재'이며 "기억은 두뇌에 보존되는 게 아니라 시간과 함께 발전한다"고 했다. 즉 과거의 기억은 현재에 하는 것이고 미래를 향해 흘러간다는 것이다. 이를 신앙적 관계로 적용해보면 과거의 하나님은 현재의 하나님이 되어야 하고 미래의 하나님으로 삶 속에 녹아 들어가야 한다. 그것이 참 신앙이고 살아있는 신앙이다. 그러므로 과거와 단절되면 미래도 없다. 하나님이 그토록 이스라엘 백성에게 기억하라고 하신 이유다.

장모님과 대화를 나누다 나는 새로운 사실을 발견했다. 먼 옛날 일들은 숫자까지 정확히 기억하지만 최근 일들을 잘 기억하지 못하신다는 거다. 알고 보니 전형적인 치매 환자들의 증세라고 한다. 하루는 가정예배를 드리다 기억나는 찬송가를 한번 해보시라고 권해 보았다. 오래전 기억을 더듬는 듯 잔잔히 미소를 짓더니 "예수 사랑하심은…" 찬송가를 나지막이 읊조리셨다. 해설까지 더하셨다. "우리 아버지가 평양에서 왔잖아. 그래서 어렸을 때 맨날 주일학교 다니면서 이 찬송가 불렀어. 시집 와서는 손위 동서가 예수쟁이라고 야단을 치는 바람에 교회를 안 다니게 됐지만." 그동안 몰랐던 사실이다. 장모님은 한동안 우리와 함께 신앙생활을 하고 세례도 받으셨지만, 과거 얘길 미주알고주알 들려주지는 않으셨다. 어릴 적 찬송으로, 마치 오래전 굳게 걸어뒀던 기억의 창고 문이 열린 듯 장모님은 상기된 표정으로 어린 시절 얘기들까지 주저리주저리 들려주셨다. 아내도 생전 처음 들어보는 이야기들이라며 놀라워했다.

장모님에게서 또 하나 발견한 게 있다. 익숙한 일은 아주 완벽히 잘하신다는 사실이다. 아내가 빨래를 개자 곁에서 지켜보더니 함께 빨래를 개기 시작하시는데 손도 빠르고 완전 프로 수준이었다. 잘하신다고 칭찬해 드렸더니 미소를 지으며 "아이를 여섯이나 키웠는데 이까짓 게 일이겠어?"라고 반문하신다. 아내는 한술 더 떠 바느질도 해보라고 권했다. 놀랍고 감탄스러웠다. 노인의 솜씨가 아니었다. 눈이 어두울 법도 한데 참으로 꼼꼼하고 깔끔하게 하셨다. 익숙한 일을 통해서 뭔가 성취감이나 자신감마저 느끼시는 듯했다. 내친김에 나는 이제 장모님에게 성경 쓰기를 권해볼 참이다. 서예를 하셨으니 글쓰기는 물론이고 바느질을 하실 만큼 눈도 밝으시니 아주 어려운 일은 아닐 것 같다. 오래된 기억의 창고에서 말씀을 꺼내 현재를 살고 그 말씀을 안고 새 땅으로 들어가신다면 그보다 더 좋은 일이 또 어디 있겠는가!

"너희는 옛적 일을 기억하라 나는 하나님이라 나 의에 다른 이가 없느니라 나는 하나님이라 나 같은 이가 없느니라"(사 46:9).

별난 차례

추석날 TV 뉴스를 보다가 실소를 금하지 못했다. 명절 차례상을 대신 준비해주거나 배달해주는 사업이 성황인데 출신 지역에 따라 전라도식, 경상도식으로 상을 차려준다고 한다. 한 사찰에서는 일정 금액을 입금하면 1년 동안 명절 차례와 제사까지 모두 지내준다고 했다. 참석하지 못한 가족들이나 여행을 떠난 사람들을 위해서는 차례 과정을 인터넷으로 생중계도 해준다 한다. 점입가경이다. 봉안당에 미니어처 차례상을 차려 넣어주는 업체도 있었다. 고인이 좋아하던 음식을 미리 얘기해주면 작은 음식들의 모형을 제작해 넣어주고 그 사진을 찍어 SNS에 올리거나 메일로 보내 준다고 했다.

일본에서는 아예 제단 앞에서 목탁을 두드리거나 염불을 대신 해주는 로봇까지 등장했다. 본업을 제치고 돈 받는 게 일이 되어버린 승려는 기자에게 태연히 "따뜻한 마음은 사실 없는 것 같다"라고 실토했다. 최신 기술인 증강현실AR도 등장했다. 추억이 깃든 낯익은 장소에 고인이 3차원 이미지로 등장해 의뢰인과 대화를 나누는 건데 언뜻 보면 귀신이 나타난 것 같아 섬뜩하기조차 하다. 첨단 시대의 기술과 편리를 추구하는 사람들의 요구가 전통과 접목돼 앞으로 어디까지 뛸지 모르겠다.

차례茶禮란 조상들에게 귀한 차를 바친다는 중국의 제사 형식에서 비롯됐다. 그 때문에 다례라고도 하고 차를 드리는 제사라 하여 차사茶祀라고도 한다. 산 사람들만 즐겁게 보내기가 미안해서 하는 일종의 약식 제사로 조상들에게 감사를 드리고 가족의 번영과 안녕을 기원하는 행위이다. 기독교는 차례 대신 예배를 드리기를 권한다. 풍성하게 베풀어주신 하나님의 은혜에 감사하는 일종의 감사예배이다. 전통적으로 조상이 사망한 날을 추모하기 위해 드리는 제사를 기제사라고 한다. 그리스도인들의 추도예배와 같다. 추도예배란 서양에는 없는 풍속이다. 한국적 문화인 기제사에 기독교적 방식이 적용된 것이다. 말하자면 제사의 의식이 예배로 전환된 형태라고 볼 수 있겠다.

이번 추석 연휴 기간 마침 아버지 기일이 겹쳐서 오랜만에 형제들이 한자리에 모였다. 사실 추도예배란 떠난 분을 기리는 것도 있지만 남은 자들을 위한 모임의 의미가 더 큰 거 같다. 세월이 흐를수록 더욱 그렇게 느껴진다. 아버지가 떠나신 지도 벌써 30년이 다 되다 보니 돌아가신 분에 대한 기억이나 향수는 점점 더 옅어지기만 하고 이제 우리 형제들이 그 또래가 되어간다. 그러니 예배 내용도 돌아가신 분보다는 우리네 삶에 초점이 맞춰졌다. 예배를 드리면서 언뜻 아버지를 떠올리려 애써봤다. 그런데 이상하게도 아버지보다 과거의 내 모습만 자꾸 떠올랐다. 다른 형제들도 아마 그랬던가 보다. 예배를 마친 다음 대화를 나누는데 다들 어릴 적 에피소드들을 기억해내며 배꼽을 쥐었다. 추도예배라기보다는 명절 가족 모임 같았다. 웃고 떠들다 보니 불현듯 추도예배의 의미를 잃은 거 같아 돌아가신 분에게 괜스레 미안한 마음이 들었다.

예배의 본질은 하나님과 나와의 만남, 그 안에서 이뤄지는 관계의 재정립이라고 할 수 있다. 즉 하나님은 성도들에게 은혜를 베풀어 주시고 위로와 소망을 주시며 성도들은 하나님으로부터 받은 그 은혜에 반응해 하나님을 높이고 감사하며 간구하는 상호행위이다. 추도예배는 돌아가신 분을 기억하며 짧은 인생 가운데서 우리와 하나님과의 관계를 다시 살펴보는 계기가 된다. 또한, 주일 예배는 한 주간의 삶을 정리해보면서 하나님 앞에 죄를 토해내고 말씀으로 다시 새롭게 각오를 다지는 과정이다.

그런데 예배를 이루는 상호행위가 균형을 잃게 되면 문제가 된다. 예배의 중심에는 우리를 위해 은혜를 베풀어주신 하나님이 계시므로 그분에 대한 감사와 기쁨이 녹아 흘러야 한다. 그런데 간구나 요구사항이 늘어남과 반비례해서 감사와 기쁨이 줄어들거나 약해지면 제대로 된 예배라고 할 수 있을지 의문스러워진다. 혹은 예배 자체가 그리스도인으로서 해야 하는 의무사항으로만 여겨진다면 좀 더 심각한 문제가 될 수도 있다.

고백건대 나도 한때는 의무적으로 예배에 나섰던 적이 있다. 젊은 시절, 예배에 참석하지 않으면 하나님이 왠지 한 대 먹이실 것 같고 혼낼 것만 같아 마지못해 무거운 발걸음을 교회로 옮겼었다. 말하자면 출근 도장이었다. 더 어린 시절에는 어머니로부터 칭찬을 받거나 야단맞지 않으려고 '교회를 다니기'도 했었다. 그건 나를 감추거나 미화하기 위한 일종의 '착한 아이 코스프레 costume play'였다.

　이스라엘 백성은 늘 형식에만 익숙해져 있었다. 습관적이고 타성적으로 드리는 예배, 그들의 자세나 태도에 대해 하나님은 분노하시고 끊임없이 경고하셨다. 이사야서에서는 "이 백성이 입으로는 나를 가까이 하며 입술로는 나를 공경하나 그들의 마음은 내게서 멀리 떠났나니"(사 29:13)라고 지적한다. 예수는 그런 이들을 가리켜 "너희는 이르되 누구든지 아버지에게나 어머니에게 말하기를 내가 드려 유익하게 할 것이 하나님께 드림이 되었다고 하기만 하면 그 부모를 공경할 것이 없다 하여 너희의 전통으로 하나님의 말씀을 폐하는도다"(마 15:5~6)라고 하셨다. 말라기서는 "너희가 내 제단 위에 헛되이 불사르지 못하게 하기 위하여 너희 중에 성전 문을 닫을 자가 있었으면 좋겠도다"(말 1:10)라고까지 말한다. 당시 이스라엘 백성들의 태도가 그랬다. 전통에 따라 의례적으로 해왔던 제사 의식에 대한 타성에 젖어 토색한 물건, 저는 것, 병든 것을 하나님께 드렸다.

　시편에 모호하면서도 의미 있는 구절이 나온다. "그의 행위를 모세에게, 그의 행사를 이스라엘 자손에게 알리셨도다"(시 103:7). '행위'라고 번역된 '데라키'는 길 ways이라는 뜻이다. 왜 모세에게는 '하나님의 길'을 보이시고, 이스라엘 백성들에게는 '하나님의 행사 deeds'만을 보이셨을까? 하나님이 모세에게 길을 보이신 것은 모세가 '하나님의 길'을 구했기 때문이다. "내가 참으로 주의 목전에 은총을 입었사오면 원하건대

주의 길을 내게 보이사 내게 주를 알리시고"(출 33:13). 모세는 무엇보다 '하나님의 길'을 알기 원했고 그 길을 따라 행함으로 하나님과 하나 되기를 바랐다. 반면에 이스라엘 백성들은 '하나님의 길'과 '의중'에 대해서는 관심이 없었다. 그들은 그저 자신들의 처지와 형편, 상황에서 당장 하나님의 도움과 역사만을 구했다. 적군으로부터 위기가 닥치면 그 위기에서의 도움을, 먹을 것이 없을 때는 당장 먹을 것만을 구했다. 더욱 큰 뜻을 살피려 들지 않았고 '하나님의 길'에 전혀 관심도 없었다. 하나님은 그러한 그들의 태도에 분노하셨다. "그러므로 내가 이 세대에게 노하여 이르기를 그들이 항상 마음이 미혹되어 내 길을 알지 못하는도다"(히 3:10).

하나님을 그저 자기 목적을 위한 수단으로 삼고, 자기 목표를 달성하기 위해 하나님의 도움과 역사만을 구하는 것은 매우 위험하다. 성경은 그러한 신앙의 가치관에서 돌이키지 못하면 영이 죽게 된다고 말한다. "그러나 그들은 그가 행하신 일을 곧 잊어버리며 그의 가르침을 기다리지 아니하고 광야에서 욕심을 크게 내며 사막에서 하나님을 시험하였도다. 그러므로 여호와께서는 그들이 요구한 것을 그들에게 주셨을지라도 그들의 영혼은 쇠약하게 하셨도다"(시 106:13~15).

하나님은 아브라함 때부터 보이신 뜻, 즉 하나님을 위한 한 백성을 세우시는 일을 지금도 이루어가고 계신다. 우리가 그분의 의중을 깨닫지 못하거나 그분이 세우신 원칙을 저버린다면 우리 또한 이스라엘 백성과 똑같은 취급을 받을 수밖에 없을 것이다. 얼마 전 요란한 사이키 조명의 나이트클럽과 같은 분위기에서 드리는 '별난 예배'를 보고 놀란 적이 있다. '별난 차례'처럼 현대인들이 추구하는 간편함과 신속함, 이기적인 성향이 예배의 자리에까지 침범하지 않기를 바랄 뿐이다. '별난 차례'와 같은 예배를 드린다면 우리가 아무리 열심을 내어 기도하고 사역을 한다 해도 단지 회칠한 무덤에 불과하게 될 테니 말이다.

@제주

장식품을 버려라

　　　　　　　　어떤 이로부터 명함을 받아들고서 적잖이 당황스러웠다. 대표님으로 불러야 할지, 회장님으로 불러야 할지, 교수님으로 불러야 할지. 이름 앞에 수식어가 너무 많았다. "뭐라고 불러야 할까요?"라고 묻지 않을 수 없었다. 우리나라 사람들은 자기 이름 앞에 무언가 수식어를 붙이기 좋아하는 것 같다. 내가 잘 아는 분은 은퇴한 뒤 이름을 장식하는 수사들이 더 늘어났다. 그 이유는 현직에 있을 때는 다들 이름만 대도 알아줬는데 지금은 자신이 누구인지 설명하기 전에는 사람들이 잘 모르기 때문이라고 했다. 그래서 현재 직함은 물론 전前 ○ ○ ○ 라고 예전의 직책들까지 끄집어내 자신의 이름을 화려하게 치장하고 있다. 그의 명함은 마치 퇴기退妓의 진한 화장처럼 느껴진다.

　어떤 심리학자는 한국인의 특성 가운데 하나를 심정 중심주의라고 꼬집었다. 한국인은 꼭 말을 하지 않아도 남이 알아주기를 바라는 마음이 강하다는 것이다. 그런 마음 자세가 외적 형식으로 드러나는 것이 직함(특히 화려한)이 아닐까 생각한다. 전前이건, 현現이건 자신의 이름이나 지위를 장식하는 직함들이 많다는 건 그만큼 남이 알아주기를 바라기 때문일 게다. 슬그머니 명함을 내밀면서 "나 이런 사람이야!"라고 자신을 알리고 싶어 하거나 은연중 자신을 과시하는 행동 말이다. 정작 유명한 사람은 명함에 전직까지 동원해 쓸 필요도 없을 터, 사실 얼굴 자체가 신분증이기 때문에 명함 같은 것조차 필요 없겠다.

목회자들 가운데서도 ○○○운동 회장, ○○○ 총회 회장, ○○○ 신학대학 교수, 신학박사 등 매력적이고 화려한 감투를 쓰고 있는 이들이 많다. 가짜 박사가 가장 많은 게 신학박사라고 한다. 확실치는 않지만, 신학박사 중 절반 이상은 가짜라는 얘기도 떠돈다. 얼마 전 한 기독교계 신문은 한기총 소속 어느 교단의 총회장을 비롯해 140여 명 목사의 박사학위가 가짜로 드러났다고 보도했다. 목사라는 직함 하나간으로는 성에 안 차거나 1% 부족함을 느꼈던 모양이다. 아니면 하도 목사가 많아서 다른 이와 차별화하기 위함인지도 모르겠다. 목사긴 하지만 그냥저냥 보통 목사가 아니고 좀 더 똑똑하고 잘난 목사라는 의미로.

막역하게 지내는 내 친구 중 외과 전문의 의학박사가 있다. 교회를 열심히 다니던 그가 신학교에 진학해 졸업하고 목사 안수를 받았다. 병원 한쪽에 의료선교회를 세우고 휴가 때마다 필리핀 등 동남아 국가에 약품들을 잔뜩 가지고 다니며 열심히 봉사했다. 그러다 언젠가는 열흘 가량 교계 인사들과 미국 여행을 다녀오더니 자신의 이력에 신학박사라는 직함을 더하고 다녔다. 사석에서 내가 물었다. "그 박사학위 받은 학교 이름이 뭔가?" 망설임도 없이 그가 태연히 대답했다. "글쎄. 실은 나도 잘 몰라. 조지아주던가 테네시주던가 미국 남부 어디쯤 있는 학교던데."

이스라엘 백성은 모세가 십계명을 받으러 간 동안 금송아지를 만들어 섬겼다. 뒤늦게 산에서 내려온 모세의 추궁을 받은 아론의 변명이 가관이었다. "금이 있는 자는 빼내라 한즉 그들이 그것을 내게로 가져왔기로 내가 불에 던졌더니 이 송아지가 나왔나이다"(출 32:24). 금은 노예 생활을 하던 그들이 애굽을 떠날 때 하나님이 애굽인들을 통해 주신 것이었다. "이웃들에게 은금 패물을 구하게 하라 하시더니 여호와께서 그 백성으로 애굽 사람의 은혜를 받게 하셨고"(출 11:2~3).

당시 이스라엘 백성들은 급히 서둘러야 했다. 바로의 마음이 언제 또 바뀔지도 모르니까. 양식도 제대로 준비하지 못하던 바쁜 와중에 하나님은 뜬금없이 그들에게 금은 패물을 얻어오라 하셨다. 후에 하나님이 제단 등을 위해 쓰시려 했을 게다. 그건 선택받은 하나님의 백성만 할 수 있는 일이었다. 곧 하나님의 은혜였다. 그러나 그들은 이를 하나님이 아닌 자신들의 기쁨과 만족을 위해 써버렸다. 하나님은 "심히 분노하사 그들을 멸하려"(신 9:19) 하시다가 모세가 간절히 속죄를 드리자 비로소 말씀하신다. "너희는 장신구를 떼어 내라 그리하면 내가 너희에게 어떻게 할 것인지 정하겠노라"(출 33:5).

우리의 이름을 수식하는 화려한 장신구들이 많을수록 우리는 하나님보다 그 장신구들을 의지하게 된다. 눈에 보이지 않는 하나님보다는 당장 눈에 띄는 직함, 직위들이 자신의 보호막이 될 거라 여기게 된다. 한편으로는 다른 사람들이 우아하고 존경스럽게 자신을 보아줄 거라 착각하고 '척'하게 된다. 그러나 그것은 눈에 잘 띄는 화려한 독버섯이고 금송아지의 또 다른 모습이다. 그럴듯하게 포장하고 치장하는 일은 특히 바리새인들의 전매특허였다. 그건 위선이고 거짓이었다. 예수는 그들을 일컬어 '회칠한 무덤', '독사의 자식들'이라고 일갈하셨다.

유대인들은 늘 그러한 장식들에 얽매여 살았다. 초대교회 시절 그들은 누구보다도 더 위험한 복음의 독소로 작용했다. 유대인으로 교회에 "가만히 들어온 거짓 형제"(갈 2:4)였던 그들은 이제 막 믿음 생활을 시작하던 이방 그리스도인들에게 자신들처럼 격식을 따를 것을 요구했다. 마치 할례가 참된 그리스도인이 되기 위한 표식이나 필수과정인 것처럼 왜곡하고 순진한 성도들을 동요케 했다. 율법으로부터의 자유함을 선사해준 예수 그리스도의 십자가 사랑을 자신들의 형식으로 덮어버리려 했고, 나아가 자유함을 누리는 자들에게 다시 종의 올가미를 씌우려 했다. 그것은 복음의 본질을 훼손하려는 사탄의 교묘한 책략이었다.

그 '가만히 들어온 거짓 형제'는 바로 '금송아지'이며 '바리새인'이다. 지금 우리 사회의 많은 목회자나 교회 지도자들이 좋아하는 감투, 실체도 불분명한 단체장, 가짜 박사와 같은 '장식품'이다. 하나님이 목회자나 지도자가 되도록 인도해주신 것은 하나님의 목적과 때에 맞게 사용하려 하심이다. 그러므로 그건 곧 하나님의 은혜다. 그 금은과 같이 귀한 사명을 그들은 금송아지로 색칠해버렸다. 본분보다 감투에 바쁘다 보니 정작 맡겨준 양들은 제대로 돌보지도 못한다.

우리 시대의 존경받는 목회자인 홍정길 목사가 얼마 전 인터뷰를 하면서 자신을 '가짜 목사'라고 했다. 자신의 목회 생활 50년 중 제대로 양

떼를 돌본 건 교회를 개척하고 3년 정도에 불과하기 때문이라는 거다. 이후는 내 양인지 아닌지도 모르고 그냥 교회 매니지먼트_{management}를 했노라 고백했다. 내가 아는 그분은 딴 데 관심을 두지 않고 정말 열심히 모범적으로 목회를 하신 분이다. 그런데도 자신의 양 떼를 돌보지 못했다고 자성했다. 그렇다면 하물며 여기저기 바쁘게 얼굴을 들이 내밀어야 하는 화려한 감투 쓴 분들은? 목사며 장로는 지위나 계급이 아니다. 신성한 의무이며 그 자체가 곧 하나님의 은혜다. 거기에 자꾸 무언가를 더하려 하면 할수록 우리의 순수성은 훼손될 것이다. 누구보다도 자랑할만한 장식품이 많았던 바울 사도는 이렇게 고백했다.

"그러나 내게는 우리 주 예수 그리스도의 십자가 외에 결코 자랑할 것이 없으니 그리스도로 말미암아 세상이 나를 대하여 십자가에 못 박히고 내가 또한 세상을 대하여 그러하니라"(갈 6:14).

여름, 바람 부는 날

바람 부는 날 밤,
모기도 날벌레도 해충들이 다 사라져버려 좋았다.
모처럼 더위도, 벌레도 성가시게 굴지 않아 단 잠을 잘 수 있어 좋았다.

아침,
상쾌한 공기를 끌어 마시며 걷다가
아스팔트 위에 낙엽처럼 뒹구는 부전나비를 발견했다.
가늘게
가늘게 떨고 있었다.

간밤에 내가 편한 바람을 즐기며 단잠 잘 때
나비는 삶과 죽음의 갈림길에서 처절하게 싸웠던가 보다.

왜 세상은 이리 불공평할까
왜 난 아직도 이리 이기적일까

@제주

3부
......

교회를
말하다

봄

온 물상들이 흑과 백으로 이분된 세상
죽음의 그림자가 안개처럼 흐르는 고요의 숲에
유다른 바람 자락 휘 날릴 때

나는 보았다

긴 동면의 음침한 터널 속에서
가물가물 들려오는
간지러운 숨결을

연초록 가지 흐늘거리며
살아야지
살아봐야지
숨비소리처럼
땅밑에서 꿈틀거리는 소리를

그동안 많이 보고 싶었어
정말 보고 싶었어
지금 보고 있어
그래서
봄

@제주

오늘은 꽃비

오늘은 꽃비
연약한 꽃잎들이 빗방울 무게에 겨워 스러진다.
그 추운 겨울날,
거센 바람 이기고
이제 겨우 찬란한 빛깔로 막 피어났는데…

따스한 물방울,
솜털처럼 부드러운 실바람 맞고서도
꽃비가 되어 폭죽처럼 산산이 흩어져 버린다.
매미마냥 찰나의 시간을 위해
그 많은 날들,
그 많은 고통 참아왔는데…

생명은 인내로 인해 탄생하고
죽음은 삶으로부터 태어난다.

이제 아무렇지도 않게
이별의 아픔 있던 그 자리에
소망가득 담고 연두색 움이 솟구쳐 오르고
눈물처럼 내리던 빗방울 자양분되어 한 뼘 더 그를 키워 가면

먼 훗날 그 때도
처연하게 흩어지던 으늘 그 아름다운 꽃비를
기억할 수 있을까?

@제주

자기 왕국을 짓는 교회

아내와 식당에서 점심을 먹으며 뉴스를 보다 헛웃음에 그만 밥알이 다 튀어나올 뻔했다. 법원이 사랑의교회 건축이 위법하다고 판결하자 기독교 단체가 이를 '종교탄압'이라고 주장했다는 뉴스를 보고서다. 마침 곁 식탁에서 이를 지켜보던 한 중년 신사가 혼잣말처럼 중얼거렸다. "꼴값들하고 자빠졌네!" 마치 내 탓인 거 같고 신분을 들킨 것도 같아 공연히 낯 뜨거워졌다. 뭔가 속내를 잘 아는 듯한 그에게 말을 붙여보고 싶었지만, 더 험한 소리가 나올 거 같아 그만뒀다.

성명을 발표했다는 '교회언론회'라는 단체 이름이 낯설었다. 예전에 나는 '기독언론인회'라는 모임에 참여했던 적이 있다. 언론사에 근무하는 그리스도인들의 모임이었는데 몇 차례 참석하다 한국을 떠나는 바람에 잊고 있었다. 혹시 그 '기독언론인회'가 성명을 발표한 단체가 아닌가 싶어 얼른 핸드폰으로 인터넷을 뒤져봤다. 아니었다. 만일 기독 언론인들이 그런 발언을 했다면 아마 나자빠졌을 것이다. 요즘 시대에 종교탄압 운운하는 주장은 상식을 가진 언론인의 입에서는 도저히 나올 수 없는 소리니까 말이다.

'교회언론회'란 도대체 어떤 단체일까? 내내 그 생각만을 하다 집에 돌아오자마자 그들이 낸 성명서 전문을 찾아 살펴봤다. "교회 건물이 적법하게 완성되어 이미 수년째 사용하고 있는데 철거나 원상복구를 명령한다면, 이는 명백한 종교탄압이다"라는 것이 그들의 주장이었다. 그들은 법원 판결의 배후에 불교와 진보단체가 있다고도 했고 마치 교회를 파괴한 중국 공산당과 같다고도 했다. 나는 성명을 발표한 이들이 누구인지를 떠나 그런 시대착오적이고 소아적인 주장들을 버젓이 교회 단체라는 이름으로 했다는 사실이 어이없었다.

그들이 말하는 적법한 절차라는 건 구청의 허가를 받았다는 것이다. 그런데 생각해보자. 객관적으로 공유지인 도로에 건물을 짓는 게 '위법'인지 '적법'인지는 삼척동자도 다 아는 사실이다. 우리 같은 새가슴 서민들은 감히 꿈도 못 꾸고 구청이나 시청에 건축 신청을 하는 순간 100% 반려된다는 건 상식이다. 사실 그게 위법이라는 건 교회 공사 시작 전부터 꾸준히 제기돼왔던 문제다. 그런데도 이미 알려진 대로 그들은 막강한 교회와 교인들의 위세를 업고 억지로 밀어붙여 구청의 허가를 받아냈다. 법원은 이러한 과정들이 불법이라고 판단한 것이다. 그래서 1심에 이어 항소심에서도 원상복구 명령을 내렸다. 법을 위반했으므로 불법건축물이라 판결했는데 왜 거기에 '종교탄압'을 갖다 붙이는가? 그렇다면 이명박 장로가 애매하게 당하고 있는 건 '종교인 인권유린' 내지는 '인권탄압'쯤이겠다. 허허.

얼마 전 서울 외곽에 사는 친구 집에 잠깐 들른 적이 있다. 집에서 조금만 걸으면 숲이 우거지고 산세도 수려한 그린벨트 지역이어서 서울답지 않게 공기도 좋았다. 친구와 함께 마을 길을 산책하다 나무숲 사이에서 예쁘게 지어진 집을 발견했다. 그린벨트 지역인데도 번듯한 건물이 홀로 들어서 있어 의아해 물어보니 모 신학대학 교수 집이라고 했다. 그러면서 그는 이렇게 말했다. "신학대학 교수에 목사라는 양반이 불법으로 그린벨트에 집을 지어놓고 배 째라 하고 버티고 있대. 벌써 몇 년째인데 시청에서는 사유재산이라 허물 수도 없고 진퇴 양난이라 하더군. 목사가 그래도 되는 건가?"

왜 그리스도인들이, 특히 알만한 분들이 본이 되기는커녕 이 모양들인가? 교회는 사회 안에 있으므로 하나님 말씀과 충돌하지 않는 한 사회법을 지켜야 한다. 사회란 하나님이 세상을 다스리시기 위해 허용하신 일반 은총 가운데 하나이고 그 사회를 유지하기 위해서는 질서가 필요하니까 말이다. 예수는 세상 만물의 주인이신 하나님의 아들이셨으므로 이 땅에서 세금을 낼 필요가 없으셨다. 그러나 내셨다. "이르시되 그런즉 가이사의 것은 가이사에게, 하나님의 것은 하나님께 바치라 하시니"(눅 20:25). 그런가 하면 로마 병사들에게 끌려가면서도 주변 사람들이 저항하는 것을 허용하지 않으셨다. 칼을 휘두르는 제자를 오히려 나무라셨다. "예수께서 일러 이르시되 이것까지 참으라 하시고"(눅 22:51). 따지고 보면 예수는 교회법이 아니라 로마 사회법의 적용을 받아 정치범 신분으로 십자가형을 당하셨다. 물론 그것은 하나님의 뜻이었으므로 저항하지도 않으셨다.

사랑의교회 목사는 공공도로 점용의 위법성 논란에 대해 "세상 사회법 위에 도덕법 있고 도덕법 위에 영적 제사법이 있다"라고 주장했다 한다. 나는 그가 어떤 의미에서 그런 말을 했는지 도무지 모르겠다. 그 말대로라면 영적 제사법이 우선이므로 교회가 불법적인 일을 마구 저질러도 된다는 말인가? 목사는 마음 내키는 대로 아무 일이나 해도 되고? 성경은 딱 꼬집어 영적 제사법이란 말을 하지 않는다. 로마서에 이런 구절이 있다. "그러므로 형제들아 내가 하나님의 모든 자비하심으로 너희를 권하노니 너희 몸을 하나님이 기뻐하시는 거룩한 산 제물로 드리라 이는 너희가 드릴 영적 예배니라"(롬 12:1). 복음을 위해 자신을 희생하는 것이 오히려 영적 제사의 근본 취지다.

나는 그가 교회법을 가리켜 말한 게 아닌가 생각한다. 교회법은 신앙과 양심에 관한 것을 규율한 것으로 교회의 조직이나 활동을 위한 목적을 지닌다. 성경은 교회 내의 문제들을 하나님을 믿지 않는 세상 사람들의 판단에 맡기지 말라고 했다. 즉 교회 내에서 일어난 문제들은 교회법에 따라 스스로 해결해야지 세상법으로 따지거나 의뢰하지 말라는 것이다. "너희 중에 누가 다른 이와 더불어 다툼이 있는데 구태여 불의한 자들 앞에서 고발하고 성도 앞에서 하지 아니하느냐"(고전 6:1).

그런데 도로점용 문제는 교회의 내적인 문제가 아니다. 사회와 이웃과 관계되는 문제다. 또한, 교회법은 교회의 위법이나 탈법행위를 보호하기 위한 장치도 아니다. 사회법이 하나님의 원칙인 교회법과 충돌하지 않는다면 우리는 당연히 그 사회법을 따라야 한다. 영적 제사법 운운하며 전가의 보도처럼 아무 데나 이를 적용하려는 것은 옳지 않다. 사회법을 지키지 않음으로써 국가의 안녕이나 질서를 해친다면 교회는 곧 섬처럼 고립되고 말 것이다. 자기들끼리만의 하나님 사랑은 가능할지 모르지만, 이웃사랑은 절대 이룰 수 없다.

나는 사랑의교회 문제를 신앙의 기본개념 측면으로 살펴보고 싶다. 사람의 제일 된 목적은 하나님께 영광을 올려드리는 것이다. 마찬가지로 교회 또한 하나님께 영광 올려드리는 것이 최우선 가치가 되어야 한다. 그렇다면, 사랑의교회를 건축하는 일은 하나님께 영광이 되는 일이어야 한다. 과정은 물론 결과까지도 말이다. 그런데 과연 그랬을까? 그 일로 인해 교인들은 분열되어 갈라섰고, 건축 인허가 과정의 불투명은 사회적 특혜 논란을 일으켰다. 천문학적 건축비가 투입돼 그 크기로 기네스북에 등재되었다는 건물은 실정법 위반의 도마 위에 올랐고, 그로 인해 세상 사람들은 모든 교회, 모든 기독교인까지 싸잡아 손가락질하며 비웃음거리로 전락시켜버렸다. 전도는커녕 믿음이 약한 이들은 교회를 떠나게 돼 작은 교회나 미자립 교회들은 더욱 어려워지게 생겼다. 그러므로 이 문제는 이제 사랑의교회만이 아니라 한국의 교회, 한국 기독교의 문제가 되어버렸다. 이쯤이면 '하나님께 영광'이 아니라 '수치' 또는 '모독' 수준 아닐까 싶다.

사랑의교회는 이렇게 주장한다. "이 땅에 주님의 복음이 들어온 지 100년이 넘은 시기에 한국 교회가 우리 사회에서 보다 강하고 폭넓은 영향력을 주어야 한다는 소명감으로 건축을 했다." 글쎄, 교회가 크고

멋지면 영향력도 커진다고? 나는 평생 건물의 규모나 교인 수 때문에 교회를 선택하거나 부러워했던 적이 없어 잘 모르겠다. 오히려 그런 대형 교회를 보면 마음이 불편하다. 교회는 건물이 아니라 믿음을 함께 하는 성도들의 유기체이다. 건물의 크기나 화려함으로 세상에 영향을 미치겠다는 건 스스로가 세상적, 물질적 가치를 따르고 있음을 선포하는 것이다. 성경의 가르침에서 확연히 벗어난다. 흔히 "예수는 좋은데 예수 믿는 사람들 때문에 교회에 안 나간다"는 얘기를 하는 이들이 있다. 그게 무슨 말이겠는가? 겉으로는 고상한 척하면서 속으로는 세상 사람들보다 더 고약한 소위 그리스도인들 때문 아니겠는가?

성경은 우리 몸이 교회라고 했다. 그러므로 하나님을 제대로 믿는다면 크고 화려한 유형의 건물이 아니라 성도 한 사람 한 사람이 제사장이 되어 스스로 깨끗하고 거룩한 믿음의 영적 건물을 지어야 한다. 우리에게 늘 모범답안이 되시는 예수는 냄새나고 불편하고 허름한 마구간을 찾아오셨다. 만일 예수께서 지금의 대한민국 땅에 다시 오신다면 어디로 가시겠는가. 예수는 이런 말씀을 하셨다. "너희가 무엇을 보려고 나갔더냐 부드러운 옷 입은 사람이냐 보라 화려한 옷을 입고 사치하게 지내는 자는 왕궁에 있느니라"(눅 7:25). 교회가 아니라 왕궁을 만들려고 하는 자들이 너무 많다. 안타깝다.

사울, 명성교회,
그리고 총회 재판국

사울은 왕이 되고 2년 뒤 블레셋과 전투를 하게 된다. 그의 병력은 겨우 3천여 명, 블레셋은 병거 3만, 마병 6천, 군사들은 해변의 모래알처럼 많았다. 엄청난 적군의 규모에 겁이 나 이스라엘 백성은 미리 도망하거나 숨거나 두려움에 떨었다. 사울 또한 몹시 초조해졌다. 하나님께 고하고 허락을 받아야 하는데 약속한 때가 되어도 제사장 사무엘은 오지 않았다. 더는 어쩔 수 없었다. 다급한 마음에 그는 자신이 직접 번제를 드린다. 하나님에 대한 헌신과 충성을 약속하며 전쟁에서 승리하길 빌었다. 공교롭게도 번제를 마치자 곧 사무엘이 도착한다. 사무엘은 화를 냈다. 왕이 하나님의 명령을 지키지 않았다고 책망하며 그가 멸망할 것이라 예고한다. 사무엘상 13장에 나오는 얘기다.

15장을 보면 사울은 또다시 잘못을 저지른다. 이번에는 하나님의 뜻을 좇아 아말렉과 전쟁을 하게 되는데 적들의 모든 것을 진멸하라는 명령을 어기고 좋은 소와 양을 탈취해서 숨겨놓았다. 하나님은 그의 행위에 대해 실망하셨고 사무엘은 사울이 "여호와께서 악하게 여기시는 일"(삼상 15:19)을 행했다며 크게 화를 낸다. 이로 인하여 결국 사무엘은 죽는 날까지 사울을 다시 보지 않았고 하나님은 사울을 이스라엘 왕으로 삼은 것을 후회하신다(삼상 15:35).

사울을 위해 변명 한 번 해보자. 먼저 13장에서의 일화를 보면 그는 나름대로 최선을 다했다. 변변한 무기조차 없이 적은 병력으로 막강한 적들과의 전쟁을 목전에 두고서 하나님께 먼저 제사를 드려야 한다는 의무감, 강박감에 사로잡혔는데 제사장 사무엘은 정한 때_{set time}에 오지 않았다. 금방이라도 쳐들어올 것 같은 적들의 동태, 급박한 상황에서 그는 "여호와께 은혜를 간구하지 못하였으므로"(삼상 13:12) 부득이하게 자신이 나서서 직접 번제를 드렸다. 15장에서도 "여호와께 제사하려 하여 양들과 소들 중에서 가장 좋은 것"(삼상 15:15)을 남겼을 뿐이다. 나름 잘하겠다고, 잘 해보려고 최선을 다한 건데 이런 일로 왕위에서 쫓아낸다는 건 억울하고 너무 과한 것 아닌가?

100여 년 만의 무더위라는 요즘 기독교계의 쟁점이 용광로보다 더 뜨겁게 달아오르고 있다. 우리나라 최대 교회 중 하나인 명성교회의 세습 정당화 판결이다. '대한예수교장로회 통합측' 재판관들이 명성교회의 변칙성 세습을 정당하다고 인정한 것이다. 한 교계 언론은 "한국 교회사의 치욕적인 판결"이라고 통탄했고 교계 단체, 신학대학 등은 이를 한국 기독교 역사상 가장 수치스러운 '신사참배 결의'에 버금가는 잘못된 결정이라고 했다. 한 원로 목사는 '조폭 수준'이라며 이를 무효화하기 위해 "저항하자"라고 목소리를 높였다. 교회를 '강도의 소굴'로 만들고 '한국 기독교의 위기를 초래하는 일'이라고 우려하는 목소리들도 줄을 이었다. 사태는 기독교계에 머물지 않고 사회적으로도 뜨거운 반향을 불러일으키고 있다. 재판국의 결정으로 인해 '교회는 서습해도 된다'라는 면죄부를 주었기 때문이다. 이는 교회가 실로 세상 사람들의 기준에도 못 미치는 웃음거리로 전락했음을 보여주는 것이다. 그야말로 교회가 세상을 염려하는 것이 아니라 세상이 교회를 염려하는 꼴이 됐다.

사울과 명성교회는 여러 가지 점에서 묘하게 닮아있다. 첫째, 사울은 약속을 온전히 지키지 못하고 말장난을 했다. 사무엘이 오겠다고 약속한 기한은 7일이었으므로 사울은 온전히 그때까지 기다려야 했다. 그러나 성경학자들은 사울이 그러지 못했다고 지적한다. 그냥 이레째가 되니까 초조한 나머지 사무엘이 안 온다고 판단하고 성급히 제사를 지냈다는 것이다. 사울은 변명했다. "백성은 내게서 흩어지고 당신은 정한 날 안에 오지 아니하고"(삼상 13:11). 아말렉과의 전쟁에서 물건을 탈취하고 나서도 그는 변명했다. 사무엘이 잘못을 지적하자 그는 하나님 명령에 제대로 따랐고 다만 "여호와께 제사하려 하여 양들과 소들 중에서 가장 좋은 것"(삼상 15:15)을 남겼다고 말했다. 결론적으로 그는 두 번 다 하나님 말씀을 '온전히' 지키지 못했다. 명성교회를 재판한 총회 재판국은 "아버지 목사가 은퇴해서 이미 재직 중이 아니므로 교회법에 문제가 안 되며 세습이 아니다"라고 판결했다. 즉 교회법의 해당 조항은 '은퇴하는'이라고 돼 있는데 아버지 목사는 이미 '은퇴를 했으므로' 문제 될 게 없다고 했다. 그야말로 조삼모사식 말장난이다. 명색이 총회 재판국원이라는 분들이 왜 세습 방지 조항이 생겼는지 그 의미를 무시하거나 아예 눈 감아버렸다. 그야말로 손바닥으로 하늘을 가린 격이다.

두 번째는 사람들의 요청에 의한 것이라고 핑계를 댔다는 점이다. 사울은 자신은 그러지 않았는데 '백성'이 그렇게 원했다고 했다. 그는 "백성을 두려워하여 그들의 말을 청종"(삼상 15:24)하였다고 변명했다. 명성교회도 그랬다. 세습에 대한 비판이 일자 "성도들이 결정한 것"이라고 했다. 많은 성도가 하도 요청을 하니 어쩔 수 없었다는 것이다. 어딘가에서 많이 보던 전형적인 레퍼토리다. 자신의 욕망을 '국민의 요구'라는 간판으로 숨기고 나선 독재자들이나 정치인들의 행태들 말이다. 국민의 요구에 따라 삼선개헌을 했고, 국민의 요구에 따라 광주에서 총을 쏴댔고, 국민의 요구에 따라 정계 은퇴를 번복했다. 총회 재판국 또한 '다수의 결정'임을 강조했다. 다수가 '양심과 법'에 따라 세습을 인정하도록 요청했으므로 문제가 없다는 것이다. 그들이 말한 다수의 표결 결과는 8대 7이었다.

세 번째는 서둘렀다는 점이다. 사울은 전쟁이라는 대사, 백성의 목숨과 국가의 운명이 달린 결전을 앞두고 있었으므로 더 신중히 행동해야 했다. 상황이 안 좋더라도 하나님과 약속의 시간을 제대로 지켰어야 했다. 사무엘은 어쩌면 일부러 늦게 온 것일 수 있다. 사울이 정말 하나님 말씀을 제대로 따르는지 그렇지 않은지를 살펴보기 위해서 말이다. 예장 통합총회 재판국장은 인터뷰에서 "개인적으로는 원하지 않았지만, 세습 반대연합 등 일부 국원들이 빠르게 처리하기를 원했기 때문에 표결하게 되었다"고 했다. 세습이 기독교계 전체에 미칠 파급효과, 사회적

이슈, 한국 교회사의 큰 문제로까지 떠오를 수 있음을 조금이라도 의식했다면 좀 더 신중히 살펴보고 제대로 된 판단을 해야 했다. 한 원로 목사는 이렇게 지적했다. "명성교회 하나 지키려다 개신교가 무너지게 생겼다."

사울은 뒤늦게나마 자신이 범죄했음을 고백했다(삼상 15:24). 그러나 끝내 회개하지는 않았다. 끝까지 하나님이 아니라 자신의 유익만을 생각했다. "사울이 이르되 내가 범죄하였을지라도 이제 청하옵나니 내 백성의 장로들 앞과 이스라엘 앞에서 나를 높이사"(삼상 15:30).

명성교회나 총회 재판국은 지금 변명할 때가 아니다. 교회법을 편법적으로 왜곡하고 세습을 정당화함으로 '한국 기독교 역사에' 남을 수치스러운 결정'을 내린 것에 대해 통회해야 한다. 명성교회는 편법적 세습을 합법으로 인정해준 재판국의 결정이 '하나님 은혜'요 '하나님 뜻'이라고 했다. 죄를 짓고서 자신에게 유리하면 '하나님 뜻', 불리하면 '인간의 뜻'이라 한다면 심각한 영적 불감증이요 하나님을 빙자한 행태라 하지 않을 수 없다. 게다가 교회 측은 "하나님도 예수에게 교회를 물려줬다"든가 "남의 교회 일에 간섭 말라"라는 자기합리화, 막가파식 주장을 폈다. 아연실색, 할 말이 없다. 대한민국의 간판 교회가 가지고 있는 인식 수준이 겨우 그 정도이다. 참담하고 슬프다. 사무엘은 사울에게 이렇게 말했다. "왕이 여호와의 말씀을 버렸으므로 여호와께서 왕을 버려 이스라엘 왕이 되지 못하게 하셨음이니이다"(삼상 15:26).

향기 나는 인생

강아지를 데리고 아침 산책길을 나서다 어디선가 풍겨 나오는 짙은 향기에 걸음을 멈춰 섰다. 아무리 둘러보아도 출처를 알 수 없었다. 돌아오는 길에 다시 그 향기에 홀려 까치발을 하고 돌담 너머에서 수줍게 미소 짓는 키작은 꽃들을 발견했다. 그러고 보니 어느새 곳곳에서 꽃 잔치가 시작되고 있었다. 계절을 모르는 유채꽃은 이미 찬바람 속에서도 앙증맞은 노랑을 뽐냈고 집집의 뜨락에는 분홍, 하양 매화꽃들이 잔잔히 꽃잎을 흩날리고 있었다. 벚나무엔 잔뜩 물이 올랐고 묘목들을 싣고 다니는 차들이 유난히 눈에 띄었다. 정말 이제 봄인가 보다.

예전에 캐나다에 살 때 일이다. 막 이사한 집에서 짐 정리를 하느라 정신없는데 현관 초인종이 울렸다. 문밖에는 깔끔하게 차려입은 노부부가 거구에 어울리지 않는 작은 화분을 들고 서 있었다. 얼굴 가득 미소를 지으며 자신들은 길 건너편 집에 사는 사람들이라며 "무엇이든 도움이 필요하면 얘기하라"라는 말과 함께 빨간 꽃이 잔잔하게 피어있는 화분을 내밀었다. 손톱보다도 작은 꽃에서는 은은한 향기가 풍겨 나왔다.

당황스러웠다. 우리 상식으론 새로 이사 온 사람이 떡을 돌려야 하는데.

노부부가 건네고 간 화분 꽃 사이에는 작은 카드가 끼어 있었다. 곱게 오려 만든 듯한 카드에는 "새로운 이웃이 된 것을 축하한다."라는 손글씨와 함께 자신들의 이름이 적혀있었다. '에니끼', 영어권에서는 낯선 이름이었다. 다시 짐을 풀면서도 줄곧 뭐 하는 분들일까 하는 궁금증이 떠나지 않았다. 며칠 후 작은 케이크를 준비해 그 댁을 찾아갔다. 부부는 함께 부엌일을 하다가 반갑게 맞아주었다. 깔끔하고 아늑하게 꾸며진 거실에는 손때 묻은 가구들이 세월의 흔적을 보여주고 있었다. 투박한 머그잔에 담긴 허브차를 내미는 할머니의 주름진 손길이 가구들과 퍽 닮아 보였다. 대화를 나누다 보니 그들은 핀란드에서 온 이민자였다. 캐나다에 산 건 30년이 넘는다고 했다. 젊은 시절에는 네팔에서 선교사로 일했다고 했다. 선교사라는 말에 내가 반색을 하는 걸 보며 너도 그리스도인이냐는 물음이 바로 뒤따랐다. 그리곤 목소리를 높여 한국교회의 뜨거운 새벽기도에 대해 잘 알고 있다면서 정말 감동적이고 대단한 열정이라며 감탄사를 연발했다. 마치 내가 한국 교회의 대표 주자라도 되는 양 칭찬을 해주었다. 괜히 멋쩍었다.

부부는 네팔에서 자비량 선교사로 일했다고 했다. 남편은 건축업자였기에 네팔에서도 집 짓는 일을 했고, 간호사였던 아내는 네팔 국립병원에서 응급실 간호사로 일했다고 한다. 오랫동안 삶의 현장에서 일하며 사랑을 실천하다 캐나다에 와서는 넓은 집 한쪽을 비앤비 bed and breakfast 로 내어놓고 노후를 보내고 있었다. 큰아들은 목사였다. 가까운 곳에 교회를 개척해 주일은 온종일 교회에서 가족들이 함께 시간을 보냈다. 가끔은 그 지역에 흩어져 사는 핀란드 친구들을 불러 모아 파티를 열기도 하고 함께 마당에 모여 찬양을 하기도 했다.

노부부는 자주 집을 비웠다. 민간 항공기 조종사인 작은 아들 덕분에 헐값으로 해외여행을 갈 수 있기 때문이라고 했다. 특히 겨울철이면 한두 달씩이나 집을 비웠다. 나중에 물어보면 따뜻한 태국, 인도네시아 등 동남아에서 겨울을 나고 왔다고 했다. 낯선 나라에서 무얼 하며 지냈을까? 오랫동안 불편하지는 않았을까? 궁금해하는 내게 그들은 바닷가 백사장이나 휴양지에 머물면서 여행객과 현지 주민들에게 전도한다고 했다. 그러면서 전도 요령도 가르쳐줬다.

"날씨가 참 좋지요? 어디에서 오셨나요? 아, 우리는 캐나다에서 온 부부입니다. 저희가 준비한 음식 좀 같이 드실래요? 이렇게 아름다운 세상을 누가 지었을까요? 저희는 하나님을 믿는 사람들인데 혹시 하나님을 아시나요?"

부부의 얘기를 듣다 보니 아름다운 해변 풍경과 함께 노부부의 모습이 그림처럼 눈앞에 그려졌다. 참 멋진 인생 아닌가?

내 아내는 복음성가 가운데 꺼리는(?) 곡이 하나 있다. "너의 가는 길에 주의 평강 있으리." 바로 파송의 노래다. 선교사로 나가면 세상 즐거움 다 버리고 허리띠 졸라매고 온갖 어려움과 죽음까지도 각오해야 한다는 말을 너무도 많이 듣고 보았기 때문이다. 물론 우리의 믿음이 그런 정도를 감당치 못할 정도라서 더욱더 그랬을 것이다. 아내는 그런 사실을 한참 후에야 고백했다. 혹여 남편이 자신도 모르게 결단할까 봐 곁에서 그 찬양을 듣기만 해도 늘 조마조마했다는 것이다. 사실 선교사는 평범한 사람들은 감히 엄두 내기 힘든 어려운 길이다. 그래서인지 예전에 신학 공부할 때 어떤 교수는 하나님 앞에서는 선교사의 서열이 최상위라고 말하기도 했다.

내게 선교에 대한 개념을 새롭게 일깨워준 또 다른 이웃이 있다. 당시 그는 갓 환갑을 넘긴 나이였다. 하얀 구레나룻을 길게 길러 마치 헤밍웨이를 연상케 하는 그의 직업은 roofer, 즉 지붕 고치는 사람이었다. 아파트가 많은 우리나라에서는 별로 좋은 직업이 아니겠지만 대부분이 단독주택인 캐나다에서는 꽤 바쁜 직업이었다. 특히 내가 살던 밴쿠버는 겨우내 지긋지긋하게 비가 내려 지붕에 이끼가 끼거나 비가 새는 경우가 많았다. 그를 만난 것도 고객과 업자로서의 관계였다. 첫 만남에서 그는 자신이 그리스도인임을 밝혔다. 나 또한 그렇다고 하자 두 번째 만남에서는 작은 책을 두 권 가져왔다. 수필집이었다. 자신의 어린 시절부터 지금까지 학교와 직장, 결혼 등 일상에서 일어난 일들을 성경 말씀과 흑백사진을 곁들여 진솔하게 그리고 있었다. 뒤에 적힌 이력을 보니 그는 신학교 출신이었다.

우리 집 공사는 지붕을 완전히 교체하는 거라 규모가 크기도 했지만, 그 혼자서 일을 했기 때문에 진척이 몹시 더뎠다. 자연히 점심시간이나 쉬는 시간엔 함께 대화를 나눌 기회가 많았다. 그는 이번 일을 끝마치면 당분간 여행을 갈 거라고 했다. 목적지는 몰타라고 했다(부끄럽게도 나는 당시에 그 나라가 바울 사도가 언급한 멜리데라는 걸 알지 못했다). 해마다 밴쿠버에 우기가 시작되는 늦가을이면 짐을 꾸려 그곳에 가서 몇 달 동안 살다 온다고 했다. 난 비가 싫어서 놀러 가는 거냐고 물었다. 그는 손을 내저으며 선교하러 간다고 했다. 쑥스러웠다.

그의 선교방식은 좀 달랐다. 아프리카 대륙에 있는 많은 선교사 자녀들을 위해 임시학교를 운영하는 것이었다. 오지에서 양질의 교육을 받기 어려운 학생들을 위해 직접 교사로 나서기도 하고 다른 봉사자들과 함께 돌보기도 한다고 했다. 구태여 따지자면 선교 지원부대인 셈이다. 그는 아프리카 대륙 바로 위에 있는 몰타는 교통이나 기후 등 그 일에 최적의 환경을 갖춘 곳이라고 했다. 지붕 위 뙤약볕 아래서 8, 9개월 동안 힘들게 돈을 벌어 선교를 위해 헌신하는 그의 모습이 마치 거인처럼 커 보였다. 마침내 보름이 넘는 공사를 마무리 지으면서 그가 지붕 위에서 나를 불러올리더니 말했다. "킴! 이제 다시는 비 때문에 걱정하는 일은 없을 거야!" 때마침 거짓말처럼 그의 뒤편 하늘에 무지개가 드리워져 있었다. 마치 영화 속 한 장면처럼 놀랍고 감격스러웠다. 석양빛에 구레나룻을 날리며 활짝 웃는 그의 얼굴에서 노아의 모습이 오버랩되어 보였다.

바울 사도는 로마서 마지막 장에서 많은 조력자의 이름을 나열하며 마무리 짓는다. 뵈뵈, 에배네도, 스다구 등 낯선 이름들이 줄줄이 등장한다. 우리는 그들이 뭘 했으며 어떻게 바울을 도왔는지 잘 모른다. 사도 바울이 이룬 업적과 그의 발자취에는 그렇게 숨은 조력자들의 헌신이 담겨있었다. 어쩌면 거기에 등장하지 않은 더 많은 이들도 있을 것이다. 드러나게 앞서서 일하는 사람이 있는가 하면 그늘에서 묵묵히 일하는 사람들은 더욱더 많다. 그들 모두가 담장 너머에서 향기를 피워내는 꽃과 같다는 생각이 든다. 드러나지 않지만, 이름도 모르고 흔적도 없지만 은은하고 아름다운 향기를 온 천지에 뿜어내며 사 세상을 알리는 봄꽃들 말이다.

@밴쿠버

인공지능 시대와 인간

     온통 알파고와 이세돌 얘기였다. 컴퓨터가 인간을 이겼다고 언론은 떠들어댔다. 마치 컴퓨터가 이제 금방이라도 인간 세상을 지배하게 될 것 같은 분위기였다. 바둑에 문외한인 내겐 별로 관심거리도 아니고, 그게 뭐 대단한 일일까 싶어 의아스러웠다. 경우의 수를 충분히 입력시키고 상대의 움직임에 따라 작동할 수 있게 한다면 인공지능을 가진 컴퓨터라니까 당연히 가능한 일 아닐까? 그러면서도 한편으론 내심 혼란스러웠다. 도대체 인간과 컴퓨터의 관계가 어디까지 어떻게 이어질지, 야금야금 인간의 자리를 빼앗아가며 조여 들어오는 컴퓨터 세상에 대해 생각해 보지 않을 수 없었다. 때마침 여기저기 채널을 돌릴 때마다 등장하는 컴퓨터 관련 다큐멘터리를 보니 이미 실생활 깊숙이 들어온 컴퓨터의 위력이 실감 났다. 오래전 보았던 영화 혹성탈출의 원숭이들이 지배하던 세상이 떠올랐다. 이러다 SF영화가 현실이 되는 건 아닌가?

  어느 날 절친한 목사님이 함께 대화를 나누다 요즘 설교하기가 점점 벅차다고 했다. 매일 새벽기도에 주일예배, 수요예배, 금요예배 성도들

심방까지 수시로 해야 하니 죽을 맛이라고 했다. 자꾸 써먹었던 애길 끄집어내니 자신이 생각하기에도 은혜가 안 될 때가 많다고 고백했다. 그건 그뿐만 아니라 많은 목회자가 겪는 어려움이다. 도움이 되는 부목사나 다른 교역자가 있으면 그나마 낫겠지만 혼자서 그 많은 예배를 다 책임지려니 소위 설교의 퀄리티가 떨어질 수밖에 없다. 나름 묵상도 하고 기도도 하고 성경도 읽고 연구도 해야 할 터인데 시간에 쫓겨 다니느라 찬찬히 살펴볼 여력이 없으니 말이다.

번뜩 알파고가 생각났다. 컴퓨터가 교회에 들어와 설교한다면? 성경 말씀과 예화 등 데이터를 충분히 집어넣고 절기에 맞는 설교, 때와 상황에 걸맞은 설교 등을 추출하면 가능할 듯싶다. 수요는 공급을 창출한다는데 수요가 제법 많을 거 같다. 별로 어려운 일도 아닌듯하니 금방이라도 컴퓨터가 강대상 위에 올라설 것도 같다. 인공지능을 지녔기 때문에 찬양도, 기도도, 설교도 누구보다 은혜롭고 감동적으로 잘할 수 있을 게다. 그래도 마지막 축도는 인간이 해야 하지 않을까? 예배가 끝날 때는 컴퓨터 뇌를 지닌 로봇이 차가운 기계손으로 악수하고, 아니다. 기계손도 인간처럼 따뜻하게 만들 수 있겠다. 교인들의 데이터가 다 입력되어 있으니 수천 명이 다니는 초대형 교회라도 교인들의 이름을 일일이 불러주고 개인사에 관심을 갖고 다감하게 인사를 나눈다면 이름도 모르면서 의례적으로 고개를 숙이고 손을 내미는 무심한 인간 목사보다 훨씬 낫다는 소릴 들을 수도 있겠다.

죽음을 무릅쓰고 일하는 선교사들 역할도 대신 할 수 있겠다. 말씀으로 무장한 인공지능 로봇을 전도나 선교사로 내보내면 IS나 북한에 가서라도 활발하게 복음을 전할 수 있을 것이다. 무쇠팔 무쇠다리 인공지능까지 갖춘 로봇을 붙잡아 목에 올가미를 씌우거나 총을 쏴 대봐야 소용없을 게다. 아니 인공지능을 갖췄으므로 잡히지도 않고 잘 도망다니고 효과적으로 말씀도 잘 전할 것이다. 그런데 피전도자들이 쇳덩어리의 얘길 듣고 감동할까? 그게 문제긴 한데. 하지만 라디오나 텔레비전도 쇳덩어리에 불과하지만 훌륭한 전도자의 역할을 하고 있지 않은가?

컴퓨터와 인간의 바둑대결로 온 세상이 들썩이는 동안 한쪽에선 가슴 아픈 일들이 일어나고 있었다. 아버지와 계모가 일곱 살 어린 아들을 비참하게 죽인 사실이 드러났다. 인간이라고 할 수 없을 정도로 비정하고 끔찍한 방법으로 아이를 괴롭히다 죽음에 이르게 했다. 부모라는 이름 아래 벌어진 잔혹한 행동에 어이없어 더 이상 말이 안 나왔다. 더는 뉴스를 보고 싶지 않아 채널을 돌려버렸다. 그런데 정말로 어처구니없게도 이런 일들이 잇따라 일어났다. 하나같이 어린아이들이었고, 하나같이 부모들에 의해서였다. 경찰에 의해 밝혀진 학대나 살해 방식들은 끔찍하고 잔인해 상식의 범주를 넘어섰다. 학교나 유아원에서 장기결석 아동들을 추적하는 과정에서 밝혀진 것들이라고 한다. 그렇다면, 앞으로 수사가 진행될수록 더 많은 피해 아동들이 드러나게 될 것 아닌가? 도대체 어찌 된 세상인가? 날마다 길거리에서, 시장에서, 버스에서, 직장에서 마주치는 사람들 가운데, 심지어는 학교에도, 교회에도 이런 인면수심의 인간들이 섞여 활보하고 있었다는 말이 아닌가?

놀랍게도 한 어린아이를 죽인 계모는 컴퓨터 게임에 빠져있었다 한다. 게임중독은 인간을 컴퓨터의 노예로 만들어 버린다. 컴퓨터가 보여주는 공허한 가상의 세계에 빠져서 현실은 짓밟아 버리는 것이다. 그녀는 컴퓨터 게임에서 사람을 죽이듯 자녀도 죽여 버렸다. 그러고서도 죄의식조차 느끼지 못했다. 인간성이 컴퓨터에 매몰되어 버렸다. 서글프다. 모든 기계문명이 양날의 칼로 작용하듯 컴퓨터 또한 이기가 될 수도 있고 무기가 될 수도 있다. 그러므로 우리는 항상 문명의 그 뒤란을 살펴보아야 한다. 산업혁명이나 합리주의의 거대한 움직임 가운데 밀려나 왜소해진 신앙의 모습처럼 거짓된 영은 물질문명에 대한 경외감을 등에 업고 어느 사이 인간을 지배하려 들 수도 있기 때문이다. 이세돌은 이런 말을 했다. "인간이 진 것이 아니라 이세돌이 진 것입니다." 인간은 단지 게임에서 이기는 기계를 만들었을 뿐이다. 인공지능에 쇠붙이를 장착해서 복싱경기를 하면 쇳덩어리 주먹을 이길 수 있는 인간이 어디 있겠는가? 이세돌이 1승을 거둔 것이 오히려 비상식적이고 신기할 따름이다.

인공지능을 가진 로봇이 실종자들을 찾는 데 이용되었으면 좋겠다는 생각을 해본다. 학교나 유아원에서 아이들이 이상행동을 하거나 결석할 경우 즉각 컴퓨터를 작동해서 행방을 알아보거나 위험 요인들을 미리 발견해 내 제거해 줬으면 좋겠다. 아예 예측되는 위험한 군群의 부모나 어른들을 주의할 인물로 분류해서 감시해 주면 더욱더 좋겠다. 그런데, 혹 그러면 인권침해니, 빅 브라더big brother니 뭐니 떠들어대지는 않을까? 워낙 본질이나 의도와는 다르게 하도 이상한 걸 꼬투리 잡아 공격하는 세상이니까 말이다.

@제주

청지기로 산다는 것

대만에서 오신 한 선교사님을 만나러 갔다. 제법 이른 아침이었는데 숙소 앞에서 물걸레질하며 렌트한 차를 닦고 있었다. "곧 반납하실 차를 뭐 그리 정성스레 닦고 계세요?" 묻는 갈에 빙긋이 웃으며 "제가 빌린 동안에는 제 차 아닙니까? 숙소도 빌린 기간엔 제 집이구요. 다 깨끗이 닦아서 써야지요."라고 대답했다. 그의 달 한 마디가 새삼스러운 깨달음으로 신선하게 다가왔다. 바로 청지기적 자세다. 사실 세상에 있는 것들 가운데 무엇을 내 것이라 할 수 있겠는가? 하나님 앞에 설 때 나를 보여드릴 수 있는 건 단지 주어진 관리인의 역할을 얼마나 잘했는가 하는 성적표일 뿐이다. 그러므로 이 땅에 있는 동안 사람이든 물질이든 잠시 내게 맡겨주신 것들에 대해 얼마나 잘 관리하느냐가 우리가 해야 할 일일 것이다. 마치 렌터카처럼, 펜션의 방처럼 말이다.

하지만 청지기적 사명을 갖고 살아간다는 건 쉬운듯하면서도 어렵기 이를 데 없다. 청지기는 단지 관리인일 뿐이므로 섬겨야 하고 낮아져야 하고 노력하고 봉사해야 한다. 모든 것을 주인의 의향과 뜻에 초점 맞춰야 한다. 어떠한 상황에서도 그분의 뜻을 최우선으로 생각하고 행동해야 한다. 오래전 대통령 비서실장으로 근무하던 한 정치인은 "비서는 입이 없다"라는 한마디를 남기고 조용히 물러났다. 청지기의 자세에 대한 극단적 표현이다. 그런데 청지기질도 오래 하다 보면 자꾸 요령이 생긴다. 게다가 주인마저 안 보이면 상황이 더 달라진다. 대충 주인의 뜻을 저버려도 별로 후탈이 없으니까 점점 더 사심이 개입하고 자꾸 자신이 주인인 양 이른바 '갑질'을 해댄다. 마침내는 진짜 주인마저도 우습게 알거나 무시해버리고 행세하게 된다.

그것이 바로 마태복음 21장에 나오는 악한 포도원 지기들의 태도다. 주인이 안 보이니까 자신이 주인인 양 착각하고 다른 사람들을 무시하고 주인의 아들까지 죽이고 오히려 자신이 주인이 되려 한 것이다. 이 포도원 예화는 물론 이스라엘 사람들과 예수의 관계에 대한 비유다. 그런데 단순히 비유만을 놓고 보면 좀 과한 스토리 전개라는 생각이 든다. 특히 요즘처럼 가진 자의 유세 떨기가 하늘을 찌르는 시대에 '을'인 주제에 어디다 대고 끽소리라도 하겠는가? 아파트나 학교 관리인을 종이나 하수인 부리듯 하고, 운전기사를 발로 차고 쥐어박는 세상 아닌가? 그럼에도 목구멍이 포도청인지라 굽신거려야 하고 부당한 대우를 당연한 듯 여기며 자신을 죽이면서 살아가야 하는 세상 아니던가?

그런데 생각해 보자. 누가 '갑'이고 누가 '을'일까? 단순히 물질적으로 더 갖고 있거나 사회적 지위가 높으면 '갑'이 되는 건가? 착각하지 말자. 진짜 '갑'은 포도원 주인, 그분 아니시던가? 우리는 모두 다 '을'일 뿐이다. 그런데도 주인이신 그분은 절대 우리에게 '갑질'을 않으신다. 외려 주제를 망각한 '을'들이 주인처럼 행세하고, 자신은 큰 빚을 탕감 받았으면서도 다른 이에겐 엄정하고 매몰찬 잣대를 갖다 대고 다그치는 것이다. 주인이신 하나님은 공의로 평가를 하신다. 그렇다면 그분이 결국 누구의 손을 들어주실 것인지는 분명하다. 누가복음 12장에서는 그렇게 악한 종들의 말로를 보여주고 있다.

하나님은 우리에게 물질을 주셨고 가정을 주셨고 자식을 주셨다. 주시고, 주시고, 또 주신 것은 다 네 것이니까 한평생 잘 먹고 잘 살고 잘 놀다 오라고 한 게 아니라 '너를 내 것들의 관리인으로 임명했으니 잘 돌봐주라!'라는 뜻이다. 그런데 사람들은 자신이 관리인이라는 사실을 인생 막바지에 주인의 소환령을 받고 돌아갈 때 즈음에나 깨닫게 된다. 아니 어떤 이들은 숨이 목에 넘어가는 순간까지도 상황 판단 못하고 자기 것이라고 주장하며 움켜쥐려 발버둥친다. 우리는 그렇게 자신의 신분을 망각하거나 크게 착각하면서 살아간다. 포도원의 악한 종은 바로 나였다. 그 악한 포도원 종은 말도 안 되는 비유에 등장하는 게 아니라 바로 지금 나의 모습이었다. 종인 주제에 내 자식, 내 물건, 내 돈이라고 떼쓰며 우기는.

성경에 나오는 숱한 인물 중에서 하나님은 특별히 다윗을 콕 찍어서 "내 마음에 맞는 사람이라 내 뜻을 다 이루리라"(행 13:22)라고 했다. 영어 성경에 보면 더 확실히 다가온다. A man after my own heart; he will do everything I want him to do. 다윗은 사실 많은 실수를 한 사람이다. 그럼에도 그가 인정받았던 건 누구보다도 하나님 중심의 사고를 하는 인물이었기 때문일 것이다. 그런데 다윗의 인생 가운데서 선뜻 잘 이해가 안 가는 대목이 있다. 아들 압살롬의 반역 소식을 들은 후의 태도다. 그의 주위에는 전쟁으로 단련된 수많은 용사가 있었다. 자신이 백성에게 폭정을 하거나 잘못해서 민심이 완전히 돌아선 것도 아닌 상황이었다. 마음만 먹으면 얼마든지 반란군을 쉽게 진압할 수도 있었다. 아니, 그런 소식을 접하면 도대체 무슨 일인지 우선 자초지종을 알아보는 게 순서가 아닐까? 그런데도 그는 아들이 난을 일으켰다는 소식을 듣자마자 마치 기다렸다는 듯 도망갔다. 왜 그랬을까?

이유는 여러 가지로 유추해 볼 수 있다. 인간적으로 자식과 피를 흘리며 싸우고 싶지 않았기 때문일 수도 있고, 압살롬을 누구보다 사랑했기 때문이거나 그의 세를 과대평가했기 때문일 수도 있다. 그러나 이후 전개 과정을 보면 다윗은 무엇보다도 하나님이 판단해 주시기를 바랐다. 하나님이 자신의 지난 잘못에 대해 벌을 내리신 거로 생각했던 것 같다. 그래서 그는 언약궤도, 제사장도 다 돌려보냈다. 시므이의 저주에도 맞서지 않았다. 그리곤 이렇게 말한다. "내가 여호와 앞에서 은혜를 입으면 도로 나를 인도하사 내게 그 궤와 그 계신 데를 보이시리라"(삼하 15:25). 전적으로 하나님의 처분에 맡겨버렸다. 하나님의 뜻이면 자신이 예루살렘으로 다시 돌아올 거라는 것이다. 다윗은 하나님이 압살롬과 자신을 함께 공의의 저울에 올려놓고 판단해 주시기를 바랐다. 다윗은 또한 그냥 도망만 간 게 아니라 감람산, 하나님을 경배하는 마루턱으로 올라갔다(삼하 15:32). 하나님께 제사를 드리면서도 반란음모를 꾸미던 압살롬의 모습(삼하 15:12)과 무척 대조적이다.

　"내 뜻을 이루리라"라는 말씀에 나타나듯 다윗은 훌륭한 관리인이었다. 그는 자기 생각을 우선하지 않고 위기상황에서도 주인의 판단에 자신을 내맡겼다. 그에겐 귀만 있었지 입은 없었다. 관리인의 역할은 철저하게 주인의 명령에 순종하는 것이다. 청지기는 권한을 부여받은 만큼 책임도 져야 한다. 에른스트 J. Ernst 는 청지기를 일컬어 "빌려 받은 권위를 가진 자"라고 표현했다. 그러므로 청지기는 역할이 끝나게 되면 당연히 주인으로부터 상을 받든지 처벌을 받든지 자신이 한 일에 관해 판단 받게 되는 것이다. 글을 쓰다 보니 예전에 썼던 졸시가 생각나 옮겨 본다.

우리는 다 손님인걸

주인인 줄 알았다.
내 돈을 들여 내가 집을 짓고
내가 사업을 하고
내가 가정을 이끄는 가장이라 생각했다.
다른 사람들은 내 말을 들어줘야 하고
내 의견에 동의해야 하고
내가 모든 것의 중심이라 생각했다.

그런데 장례식장에서 만난 사진 속 큰어머니가
날더러 손님이라 했다.
흰 국화 송이 속에서 어색한 미소를 지으며
우린 모두 손님일 뿐이라고 말했다.
잠시 들렀다가 흔적도 없이 떠나버리는 …

@밴쿠버

모세처럼만 살았으면
원이 없겠다

오래전 일이다. 저녁 가정예배를 마친 뒤, 차를 마시며 대화를 나누던 중 아들 녀석이 말했다. "왜 사람들 이름 중에 모세라는 이름이 별로 없는지 알겠어요. 어떤 부모든 그런 이름을 지어주고 싶지는 않았을 거 같아요. 누구든 자식이 모세처럼 가슴 아픈 삶을 살기를 바라지는 않을 테니까." 생각해 보니 그럴듯했다 영어권 사회에서 John이나 Paul, Peter, Mark 등 성경 속에 나오는 이름들은 흔하지만, Moses라는 이름을 쓰는 이는 그다지 많지 않았다. 아들 녀석의 영어 이름도 John이다.

정말 모세는 그렇게 불행한 인생을 살았던 걸까? 평생의 목표 가나안 땅을 멀찌감치에서 바라보며 눈을 감아야 했던 그의 마지막 모습을 그려보면 몹시 안타깝다. 고생만 하다 끝내 목표를 이루지 못했으니 인간적으로 보면 참으로 불행하고 한 맺힌 삶일 수도 있겠다. 모세 자신도 못내 아쉬워서 하나님께 간구한다. "구하옵나니 나를 건너가게 하사 요단 저쪽에 있는 아름다운 땅, 아름다운 산과 레바논을 보게 하옵소서"(신 3:25). 절절하다. 이 부분, 읽을 때마다 마음이 아리다. 그러나 하나님은 매정하게도 이를 단번에 거절하신다. 결과로만 보면 모세는 목표에 도달하지 못한 삶을 살았으니 성공한 인생이라고 볼 수 없을 수도 있겠다.

4년 전 내가 오랫동안 외국 생활을 접고 귀국하자 친지들이 공통으로 묻는 말이 있었다. 신학대학원에서 공부했다 하니 하나같이 목사가 됐는지, 박사 학위는 받았는지 궁금해 했다. 당황스러웠다. 솔직히 나는 그냥 신학을 공부하고 싶어 한 거지 뭐가 되기 위해 공부를 한 건 아니었다. 다만 선교사로 헌신하고 싶은 마음만은 있었다. 물론 무산되긴 했지만. 사실 함께 공부한 외국 친구 중에서도 자기 직업과는 상관없이 신앙생활을 더 열심히 하기 위해 신학을 공부하는 이들이 꽤 있었다. 나는 한국 땅을 밟고 나서야 새삼 느끼지 않을 수 없었다. "아, 우리나라 사람들은 결과에 무척 집착하는구나." 가만 생각해보니 예전의 나도 그랬던 것 같다. 늘 부모님이나 선생님에게, 그리고 직장생활에서도 무언가 좋은 결과물을 보여주고 싶었고 다른 사람들 눈에 대단한 사람으로 비치는 '결과'를 바랐었다.

생각해보면 한국인의 특성으로 지적되는 '빨리빨리' 문화도 '결과'를 의식하기 때문이다. 공사 현장 준공식에서는 늘 "예정 기간보다 몇 년 빠르게"라는 말이 레토릭처럼 울려 퍼졌다. 최근 우리나라 정세 가운데서도 결과물을 내놓기에 급급해서 빚어진 면면들을 어렵지 않게 볼 수 있다. 전 정권에서 했던 사드 배치나 위안부 문제도 그런 것 중 하나다. 과정을 중시하지 않고 결과에만 집착했기 때문에 일어난 일들이다. 그 잘못된 일들을 되돌이켜 제대로 되는 과정을 다시 밟으려니 새 정부는 그야말로 죽을 맛일 것이다. 최근 논란이 되고 있는 한 야당 당원이 대통령 선거에서 증거물을 조작했다는 사건도 마찬가지다. 무조건 이겨야 한다는 결과물을 목표로 두고서 행동하다 보니 무리한 일을 벌였다. 그건 사기다. 그 배후에는 어떻게든 이기기만 하면 그뿐이라는 사고가 바닥에 깔려 있었다.

신학자인 폴 스티븐스 박사는 대학교수로 명성을 날리던 어느 날 갑자기 목수로 변신했다. 그에겐 목수나 교수나 무엇이 되느냐 하는 건 중요하지 않았다. 그냥 살아가면서 부대끼는 일상 가운데서 하나님을 느끼고 그로 인해 즐거움을 맛보는 게 중요했다. 그렇게 일터 현장에서 마주친 사람들의 이슈와 고민은 신학적으로 그를 더욱 성찰하게 하고 깊이 있는 사람으로 만들었다. 만약 그가 하나님을 더 잘 느낄 수 있는 다른 직업이 있었다면 아마 그 일에도 나섰을 게다. 농부나 어부 또는 상인이라도 말이다. 그는 그것을 '경건한 쾌락'이라고 불렀다. 무엇이 되거나 이루려고 하기보다는 그냥 일 자체, 그 과정을 즐겼다.

베드로는 예수께 집중할 때 물 위를 걸을 수 있었다. 그의 목표는 예수였지 물 위를 걷는 게 아니었다. 그런데 훗날, 사람들은 성경을 읽으면서 물 위를 걸었다는 그 결과물에만 초점을 맞춘다. 아니 애오라지 그 일만 파고든다. '오라' 부르시는 예수의 음성은 뒷전으로 흘려버리고 말이다. 그러므로 절대 물 위를 걸을 수 없다. 베드로가 물에 빠졌던 것처럼 첫걸음도 떼지 못하고 매번 빠지고 만다. 예수에 집중하던 베드로는 자신이 물 위를 걷고 있다는 '결과'를 인식하자 물에 빠지고 말았다. 예수는 그에게 말씀하신다. "믿음이 작은 자여 왜 의심하였느냐"(마 14:31).

롯과 아브라함의 태도에서도 그런 모습을 엿볼 수 있다. 아브라함은 "네가 좌하면 나는 우하리라"(창 13:9)라고 했다. 아브라함은 선택의 과정에 의미를 뒀다. 그러나 롯은 '결과'를 미리 염두에 두고 "물이 넉넉하고 여호와의 동산 같고 애굽 땅과 같은 소돔 땅"을 선택했다. 아브라함이 믿음의 조상으로 인정받은 이유는 그가 갈 바를 알지도 못하고 떠났던 데에서도 읽힌다. 그는 어디에 도착할 것이라는 목표나 결과보다 하나님과 동행한다는 기쁨만으로 나아갔다. 그리고 그렇게 살다 보니 어느새 믿음의 조상이라는 타이틀을 얻게 되었다. 베드로가 물 위를 걸은 것, 아브라함이 믿음의 조상이 된 것은 목표가 아니라 덤으로 받은 보너스일 뿐이었다.

'결과'에 집중한다는 것은 곧 이기심이 들어있다는 표시다. 자신의 마음이 이미 한쪽으로 기울어져 있음을 증명하는 것이다. 요즘 유행하는 말로 소위 '답정너'(답은 정해져 있고 너는 대답만 하면 돼)다. 우리는 기도하면서도 그렇게 한다. 자신이 결과물을 미리 마련해놓고 하나님은 내가 시키는 대로 하시라고 명령을 내린다. 요술램프처럼 하나님을 종으로 부리는 것이다. 그러나 하나님과 동행하는 과정(믿음의 여정)을 더 중시하게 되면 '나', 즉 에고가 빠져나간다. 오직 하나님께만 집중하게 되고 모든 일에서 그분만을 바라보게 되고, 그분의 처분에만 따르게 된다. 결과에 대해서는 크게 신경 쓰지 않는다. 그러므로 내가 가는 곳이 "초막이나 궁궐이나 내 주 예수 계신 곳이 그 어디나 하늘나라"가 된다.

바리새인들은 늘 결과를 우선했다. 그래서 사람들의 시선을 의식했고 자신이 그럴듯한 모습의 결과물로 포장되어 보이기를 원했다. 그러나 예수는 그들을 회칠한 무덤이라고 하셨다. 예수의 관점에서는 무엇보다도 내면에 있는 마음이나 의도, 즉 과정이 더 중요했기 때문이다.

자, 그렇다면 모세는 과연 불행한 사람이었을까? 사실 찬찬히 살펴보면 모세처럼 많은 축복을 받은 사람도 없다. 그는 태어날 때부터 하나님의 은혜를 입었고 자신의 능력이나 의지와는 상관없이 택함을 받았다. "땅 위에서 가장 온유한 자"(민 12:3)라는 최고의 평판을 들었고, 하나님과 늘 대화하고 대면하며 막힘없는 관계 속에서 평생을 살았다. 성경에 등장하는 누구도 그렇게 오랫동안 하나님과 많은 대화를 나눈 사람은 없다. 또한, 그의 육신은 하나님이 데려가시는 그 순간까지도 기력이 쇠하거나 눈이 흐려지지 않았다(신 34:7). 또 엄밀히 따지고 보면 그의 목표가 좌절된 것만도 아니다. 그는 처음부터 약속의 땅을 두 눈으로 보기를 원했고(신 3:25), 하나님은 그가 온 땅을 다 볼 수 있도록 허락하신 것이니까 말이다. 결론적으로 모세는 누구보다도 성공한 삶을 살았다. 다만 특별 보너스 정도를 받지 못했을 뿐이다. 그러나 보너스는 어디까지나 플러스알파이지 본질이 아니다. 모세처럼만 살았으면 정말 원이 없겠다. 요새 이름 바꾸는 게 유행이라던데 이참에 모세로 이름을 바꿔볼까?

관성적인 교회생활
탈피하기

서울에 다녀왔다. 마침 비가 내려서인지 생각했던 것보다 대기가 제법 상쾌했다. 공기가 맑으니 한강변의 풍경도, 오래된 동네 주택가 모습도, 차량이 꼬리를 무는 도심의 무표정한 모습도 새삼 싱그럽고 쾌적하고 활기차게 느껴졌다. 콧노래가 절로 흥얼거려지는, 녹음방초승화시綠陰芳草勝花時: 나뭇잎이 푸르게 우거진 그늘과 향기로운 풀이 꽃보다 나을 때라는 말이 딱 어울리는 계절이었다. 늘 이렇게 비만 오면 좋겠다 싶었다. 어릴 적 뛰놀면서 마시던 그 공기맛이 이랬다. 하지만 다음날 비가 그치자 다시 미세먼지가 뒤덮였고, 기다렸다는 듯 어김없이 아내의 몸에 이상이 생겼다. 얼굴이 붓고 목과 코가 안 좋아졌다. 아내의 몸은 공해 바로미터다. 조금만 공기가 안 좋으면 여지없이 민감하게 작동한다. 제주도에 다시 돌아오고 나서 사흘쯤 지나서야 겨우 원상태로 돌아왔다.

오랜 외국생활을 마치고 귀국했을 때 우리 부부가 가장 놀란 게 바로 이 오염된 대기였다. 혼탁한 공기에 녹아웃돼 우리는 며칠 동안이나 이비인후과 의사에게 목이며 코를 속속들이 보여주면서 호된 신고식을 치러야 했다. 그런데 이상하게도 정작 그 오염된 환경 속에서 사는 이들은 전혀 아프지도 않고 심각성을 느끼지도 않았다. 너무들 익숙해 있었다. 뿌연 하늘을 가리키며 "요즘은 늘 이래!"라고 당연하다는 듯 말했다. 다행스럽게도 워낙 현지화 능력이 뛰어난 나는 몇 달 안 돼 곧 오염된 한국적 환경에 익숙해졌지만, 아내는 아직도 육지에만 나가면 그 미세먼지인지 공해인지 탓에 내내 고생을 한다. 아내에겐 유일하게 제주도가 피난처이자 치료제인 셈이다.

오염된 공기는 마치 죄와 같다. 죄에 익숙해지면 그 속에 빠져있으면서도 이를 알아채지 못하고 무감각하게 죄와 동거하게 된다. 사실 죄라는 녀석이 등장하면 우리의 양심은 한두 번은 자극을 받아 찔리긴 하지만 곧 익숙해져서 둔감해지고 만다. 마침내는 죄 자체를 인식조차 못하는 무감각상태에 빠지고 만다. 설령 경고 사인을 받더라도 곧 무시해버리기 일쑤다. 에릭슨M. J. Erickson은 이런 상황을 '영적인 각질이 영혼을 덮은 상태'라고 표현했다. 우리 중에 그런 각질이 없는 사람이 얼마나 되겠는가? 예수는 "악한 생각 곧 음란과 도둑질과 살인과 간음과 탐욕과 악독과 속임과 음탕과 질투와 비방과 교만과 우매함'(막 7:21~22)이 우리를 더럽힌다고 하였다. 바울 사도가 언급한 불의, 추악, 탐욕, 악의, 시기, 살인, 분쟁, 사기, 악독, 수군수군하는 것, 비방, 미움, 능욕, 교만, 자랑, 부모를 거역함까지 끄집어내면 이런 것들로부터 자유로울 사람은 아마 하나도 없을 것이다. 부끄럽지만 나 또한 그런 검댕이를 온몸에 묻히고 산다. 나는 깨끗하다고 생각했는데 가만히 살펴보면 온몸에 더덕더덕 붙은 죄의 흔적을 발견하게 된다. 그나마 다행스러운 건 그런 것들로 인해 나 스스로가 찔림을 느낀다는 사실이다.

죄만 그런 것도 아니다. 습관적으로 이어지는 신앙생활도 마찬가지다. 관성적으로 드리는 예배, 봉사, 헌신 등, 주일이면 으레 '김유신의 말'처럼 교회에 나가고 예배에서 아무런 감흥이나 기대를 불러일으키지 못한 채 고르반, 즉 하나님께 드리기만 하면 되는 것처럼 생각한다면, 출근 도장 찍는 것과 도대체 다를 바가 무언가? 바리새인들과는 또 뭐가 다른가? 그건 하나님과 상관없는 익숙한 종교 활동일 뿐이다. 그런가 하면 취미생활이나 동호회 활동처럼 친목을 위해, 사람들을 만나러 교회에 가는 이들도 있다. 비유가 좀 뭐하긴 하지만 염불보단 잿밥에만 관심이 있다면 참된 그리스도인이라고 할 수 있을까? 부크만H. F. Buchman 은 "믿노라고 하면서도 죄 아래에서 익숙하게 살아가는 사람들은 하나님의 권능을 부인하는 것"이라고 말했다. 성경은 우리에게 이런 말씀을 주신다. "하나님을 알되 하나님을 영화롭게도 아니하며 감사하지도 아니하고 오히려 그 생각이 허망하여지며 미련한 마음이 어두워졌나니"(롬 1:21).

목회자도 마찬가지다. 습관적으로 설교하고 예배에 대한 부담감과 사역에 시달리면서 질질 끌려 다닌다면 하나님이 과연 기뻐하실까? 하나님을 위해 일한다고 하면서도 하나님과 함께하지 않는다면 과연 제대로 된 사역이라고 할 수 있을까? 하나님과의 인격적 관계로 인해서 우러나온 내면의 기쁨이나 감사는 도대체 언제 느껴 보았는지조차 기억나지 않는다면 그건 심각한 영적 쇠퇴의 징후이다. 기계적으로 하는 사역, 그 자체는 오히려 하나님과의 관계에 커다란 걸림돌이 될 수 있다.

영성 신학자로 명성이 높은 게리 토마스G. Thomas는 어느 날 바쁜 일상에 쫓기던 중 점심시간에 잠깐 산책을 나서게 된다. 숲길을 걷다가 지저귀는 새소리들과 나뭇잎 사이로 스며드는 햇빛과 함께 하나님의 강한 임재를 느꼈다. 더할 수 없는 기쁨이 몰려왔다. 하지만 현실적으론 잠시 후 세미나에 참석해야 하고 사람들과의 약속도 잡혀있다. 시간을 맞추려면 당장 자리를 떠야 한다. 최소한 시계라도 들여다봐야 한다. 그러나 그는 그렇게 하지 않았다. 하나님과 함께하는 바로 그 순간이 좋아 그냥 그곳에 머무르고 말았다. 세상에 어떠한 중요한 일도, 사역도 하나님과의 만남이나 관계를 대신할 수는 없다는 생각 때문이었다.

예수는 제자들에게 바쁘게 일만 하라고 하지 않으셨다. "너희는 따로 한적한 곳에 가서 잠깐 쉬어라 하시니 이는 오고 가는 사람이 많아 음식 먹을 겨를도 없음이라"(막 6:31). 쉬라고 하셨다. 제자들은 당시 모두 피곤함에 절어 있었다. 예수는 "그럼에도 일해라!"라고 하지 않으셨다. 먼저 쉼의 모범을 보이기도 하셨다. 바쁘신 중에도 한적한 곳을 찾으셨다. 사역자 중에 간혹 쉬는 것을 게으르다고 여기고 죄의식을 갖거나 터부시하는 분들이 있다. 그러나 쉬는 것 자체도 하나의 일이다. 쉼은 충전이다. 도약을 위한 발판이다. 잘 쉬는 사람이 일도 잘한다. 그렇다면 쉼이야말로 얼마나 가치 있는 사역의 밑거름인가? 바빠서 쉴 수 없다고 하는 사람은 스스로 일을 잘하지 못하고 있음을 입증하는 것이다.

얼마 전 한 목사님 내외분과 대화를 나눴다. 나와는 두 분 다 익히 잘 알고 지내는 터라 흉허물 없이 서로의 속내를 드러내게 되었다. 그 목사님은 외국에서 학위를 받느라 나이는 오십 줄에 접어들었지만, 목회 기간은 이제 10년이 조금 넘어서고 있었다. 그가 뜻밖의 말을 했다. 목회를 그만둬야겠다는 것이다. 솔직히 진이(실은 액기스라고 표현했다) 빠지는 느낌이라 했다. 노력하는 만큼에 비해 결과는 신통치 않고, 무엇보다 혼자서 새벽기도부터 모든 공예배, 심방, 상담까지, 게다가 대학 강단에도 서려니 말씀이며 에너지며 바닥에 이르러 충전이 안 된다는 것이었다. 시간이 부족해서 어떤 때는 과거 써먹었던 원고를 다시 짜깁기해서 재탕 삼탕 하기도 하는데 떳떳치 못해서 하나님 앞에 부끄럽다고 했다. 나는 그러면 앞으로 어떻게 할 거냐고 물었다. 그는 대학 강의를 나가면서 친구 목사들과 함께 공동목회를 하겠다고 했다. 그러면 좀 더 여유 있게 말씀도 준비하고 연구도 할 수 있을 것 같다고 했다. 무엇보다 하나님 앞에서 최소한 부끄럽지는 않을 거라고 했다. 사람마다 다 달란트가 다르다. 금 그릇도, 나무 그릇도, 귀히 쓰이는 것도, 천히 쓰이는 것도 있다. 내가 아는 그는 학자 스타일에 훨씬 가까웠다. 신학을 공부했다고 다 목회를 하라는 법은 없다. 그렇다면 그에겐 지금이 기회가 아닐까 생각됐다. 기계적으로 사역에 끌려 다니며 탈진하고 그러다 마침내 스스로에 대해 부끄러움조차 못느낄 정도까지 이른다면 인간적으로도 참 가슴 아픈 일이 아닐 수 없다. 자신이 가장 잘할 수 있는 일, 그 방법을 찾아봐야 한다. 그 목사님은 자신의 현재 모습을 살펴볼 줄 알았다.

엘리 제사장은 자식들이 하지 말아야 할 일을 함으로써 하나님의 뜻에 어긋나고 있다는 사실을 알았다. 그럼에도 아들들의 행위를 엄히 제어하지 못했다. 결국, 그의 가정은 비참한 최후를 맞고 말았다. 바늘도둑이 소도둑 된다는 말처럼 타성과 죄에 익숙해지기 시작하면 결과는 걷잡을 수 없이 크게 번지고 만다. 엘리의 아들들 또한 제사장이었다. 그러나 성경은 그들이 "행실이 나빠 여호와를 알지 못하더라"(삼상 2:12)라고 지적한다. 제사장이라는 직분이 중요한 게 아니다. 그런 위치에 있을수록 더 자신의 모습을 냉철하게 살펴보는 것이 더 중요하다. 최근 어느 대형교회 목사는 자녀들의 죄를 덮어주고 감싸주다가 자신도 거짓말을 하고 급기야는 더 큰 죄에 휘말리고 말았다. 그런가하면 또 다른 어떤 교회는 목사의 비리나 잘못을 눈감아주고 넘어가다가 끝내는 분열에 휘말리는 아픔을 겪기도 했다. 그런 일들이 이젠 뉴스감도 되지 못할 정도로 흔하게 일어난다. 자신의 모습을 객관적으로 살펴보지 못해서 일어나는 일들이다. '예'와 '아니오', '할 일'과 '하지 말아야 할 일'을 구분 짓지 못하고 한 번 익숙해지고, 두 번 빠져들고, 세 번 스스로를 용서해주다 일어나는 일들이다.

하나님은 어쩌면 지금 우리에게 이런 말씀을 하고 싶으실지 모른다. "만군의 여호와가 이르노라 너희가 내 제단 위에 헛되이 불사르지 못하게 하기 위하여 너희 중에 성전 문을 닫을 자가 있었으면 좋겠도다"(말 1:10). 지금 나의 모습을 한 번 살펴봐야겠다. 외출할 때 머리를 빗고 넥타이를 고쳐 매고 거울을 들여다보듯, 아무리 바빠도 나의 참모습을 가끔은 들여다봐야겠다. 최소한 부끄럽게 살지는 말자고 다짐도 해보고,

나는 지금 어떤 위치에 서 있는지 객관의 시선으로 스스로를 살펴봐야 겠다. 천천히 달아오르는 냄비 속 개구리처럼 죄에 익숙해지거나 타성에 젖은 종교 생활에 빠져있지는 않는 건지.

@제주

그리스도인이라면

장을 보러 갔던 아내가 헐레벌떡 들어오더니 상기된 표정으로 입을 열었다. 주차장에서 문을 열다 옆 차를 살짝 찍어 피해 차량 앞면에 전화번호를 끼워두었단다. 한참 후 돌아와 보니 마침 그 차에 운전자가 앉아있어 얼른 가서 사과하고 한 소리 들을 채비를 하고 있었는데 뜻밖의 말을 하더라고 했다. "아, 이 정도는 별것 아니네요. 괜찮아요. 그냥, 아주머니 예수 잘 믿으세요!" 그러더니 차를 타고 훌쩍 떠났다는 것이다. 시쳇말로 쿨했다. 얘길 듣고 보니 아마- 그는 그리스도인이 아닌가 싶었다. 아내의 십자가 목걸이를 보고 같은 그리스도인끼리니까 그냥 넘어가자고 그랬으리라 짐작이 됐다.

그리스도를 품고 있는 그리스도인이라면 그리스도의 향기가 나야 한다. 말이라든가, 행동거지라든가, 삶의 궤적에서 "저 사람은 뭔가 좀 다르군!" 하는 공감대를 느낄 수 있어야 할 것이다. 얼마 전 한 인터넷 카페에 올라온 글이 눈길을 끌었다. 아침 출근길에 한 운전자가 신호대기 중이었는데 갑자기 뒷 차가 와서 들이받았다. 다행히 큰 충격은 아니라 몸은 이상이 없었고 차 범퍼만 조금 스크래치가 나있었다. 가해자는 머리를 조아리고 사과하면서 "밤새 병원에 입원한 가족을 간호하다 나오는 길이라 깜박 졸았다"며 자신의 실수를 인정했다. 피해 운전자는 아침부터 기분이 언짢았지만 출근길이 바빠 연락처를 주고받고 헤어졌다. 회사에서 일을 하다 피해자는 가해자가 마음을 졸이고 있을까 봐 문자를 보냈다. "걱정하지 마세요. 서로 다치지 않았으니 다행입니다. 병원에 있는 가족이나 잘 돌보세요."라는 내용이었다. 가해 운전자로부터 즉각 답장이 왔다. "너무도 고맙습니다. 평생 잊지 않고 운전할 때 더욱 주의하겠습니다."라고 했다. 그런데 말미에 이런 말이 덧붙여 있었다. "항상 사장님 가족의 건강을 위해 기도로 감사를 갚겠습니다." 가해자는 그리스도인이었던 모양이다. 피해자는 그리스도인은 아니었지만 가족을 위해 기도해 준다는 가해자의 말이 참으로 고마웠다고 했다. 접촉사고로 인한 피해 보상을 기도로 대신 받았는데 돈보다도 훨씬 값지게 느껴졌다는 거다.

세상이 많이 각박해졌다고 하지만 여전히 세상은 살만하다. 그건 그 가운데서 은은한 향기를 뿜어내는 이들이 도처에 숨어있기 때문일 게다. 훈훈한 소식들을 들으면 나와 전혀 상관없는 일임에도 마음이 괜히 뿌듯해진다. 그리고 덩달아 나도 무언가 그런 착한 일을 해야 될 것 같은 마음이 든다. 선한 일에 대한 전염성, 이른바 선행 바이러스에 감염된다. 나는 그게 우리의 본성 때문이 아닐까 생각한다. 성경은 "우리는 그가 만드신 바라 그리스도 예수 안에서 선한 일을 위하여 지으심을 받은 자"(엡 2:10)라고 했다. 바로 우리의 정체성을 말한다. 하나님은 우리가 그분의 선한 일을 행하라고 우리를 지으신 것이다. 바울 사도는 아들처럼 귀히 여겼던 디모데에게 이렇게 당부한다. "선을 행하고 선한 사업을 많이 하고 나누어 주기를 좋아하며 너그러운 자가 되게 하라. 이것이 장래에 자기를 위하여 좋은 터를 쌓아 참된 생명을 취하는 것이니라"(딤전 6:18~19). 선한 일을 하는 것은 마치 하늘나라에 보물을 쌓아두는 것과 같다. 그것이 하나님의 뜻이자 명령이므로 모름지기 그리스도인이라면 그렇게 살아야 하겠다.

그런데 말이 그렇지 그게 그리 쉽지 않다. 오래전 나는 한 영성 신학자가 "선한 일을 행하는 것이 영성을 쌓는 하나의 방법"이라고 쓴 글을 읽었다. 그래서 매일 한 번 이상 '선한 일'을 해보자고 나름 목표를 세우고 실천해 나갔다. 비 오는 날 우산도 없이 걸어가는 할머니를 차에 태워 집에 바래다 드리기도 했고 무거운 짐을 든 사람을 도와주기도 했다. 차가 고장 나 길가에 세워둔 사람을 돕기도 했다. 누군가 난처하고 곤란한 상황에 처한 사람을 보면 할 일을 찾은 것 같아 무척 반가웠다. 정 할 일이 없으면 아내에게 뭐 심부름 시킬 일이 없냐고 물어보기조차 했다. 확실히 효과는 있었다. 뭔가 나에게 할당된 몫을 다 한 듯 마음 깊은 곳이 뿌듯했고 스스로 대견하게 여겨지기도 했다. 좋은 일을 자꾸 더 하고 싶어지기도 했다. 그러나 그리 오래가지 못했다. 어느 때부터인가 시들해져 버렸다. 발단은 TV 뉴스였다. 중국에서의 일이었는데 길가에서 무자비하게 폭행을 일삼는 사람을 다들 지나치고 있었다. 공연히 간섭했다간 뒤집어쓰기 때문이라고 했다. 교통사고 피해자가 자신을 구해준 사람을 가해자로 둔갑시켜버리기도 했다. 우리나라에서도 비슷한 사건들이 잇따라 일어났다. 어두운 밤길을 걷는 여성을 태워줬다가 성폭행범으로 몰린 억울한 사람도 있었고 자신을 도와주려는 이들을 이용해서 금전을 취하는 이들도 있었다. 심지어는 유명 기부단체가 기금을 슬쩍 빼돌리는 일까지 생겼다. 좋은 일 하는 것도 쉽지 않은 세상이라는 생각이 들었다. 아내는 "이제 아무나 차에 태우지 말고 나서지 좀 말라!"고 경고했다.

성경은 우리에게 '주라'고 말한다. "주라 그리하면 너희에게 줄 것이니 곧 후히 되어 누르고 흔들어 넘치도록 하여 너희에게 안겨 주리라 너희가 헤아리는 그 헤아림으로 너희도 헤아림을 도로 받을 것이니라"(눅 6:38). 주는 것, 남을 돕는 것, 착한 일을 하는 것, 이는 모두 섬김이라는 큰 틀로 묶어볼 수 있겠다. 평생 동안 섬김의 모범을 보여주신 예수님, 그분은 종 가운데서도 가장 비천한 종이나 하는 발 씻어주는 일까지 친히 하셨다. 그리고 말씀하신다. "내가 너희에게 행한 것 같이 너희도 행하게 하려 하여 본을 보였노라"(요 13:15). 제자들을 모두 모아놓고 사실상 유언처럼, 심지어는 자신을 죽음으로 이끌어갈 가롯 유다에게까지 보여주신 극한의 섬김의 모습이었다.

얼마 전 미국 LA에 사는 친구가 찾아왔다. 대학 동기이고 아내와 같은 회사를 다니다 우리를 커플로 맺어준 우리 부부에겐 평생 잊을 수 없는 친구다. 미국에 사는 줄 알았으면 내가 거기 사는 동안 진작 한번쯤 만날 수도 있었을 텐데 서로 행방을 모르다 보니 그럴 기회가 없었다. 20년도 훨씬 지나서 만난 친구는 자신은 몇 해 전 이혼을 했다고 고백했다. 그의 아내는 우리 부부와도 절친하게 지냈었다. 내막이야 모르겠지만 적지 않은 나이에 이른바 돌싱이 된 친구가 측은해 보였다. 그러나 원래부터 쾌활하던 친구는 여전히 밝았고 여전히 깐죽거리며 농담도 잘했다. 다음날 아침 식사자리에서 내가 기도를 해줘도 되겠냐고 물었다. 그는 무신론자에다 기독교인들에 대해 좋지 않은 감정을 갖고 있었고 마침 함께 온 다른 일행들도 있었지만, 친구는 히죽거리면서도 기도해달라고 했다. 다음 날도 그다음 날도 그렇게 그가 우리 집에 머물렀던 사흘 동안 우린 늘 함께 기도했다. 그리고 그가 떠난 다음 며칠 후 미국에서 장문의 메시지가 날아왔다. "이번 고국 방문 동안 가장 의미 있는 일이었어. 나를 위해 그렇게 기도해 준 사람은 네가 처음이거든. 감격적이었어. 염치없지만 앞으로도 계속 기도를 부탁해도 될지 모르겠다. 네 부탁대로 이제 나도 그리스도인이 되어볼까 해." 메시지를 받고 뛸 듯이 기뻤다. 그가 나를 찾아 제주도까지 날아온 이유는 그냥 우연이 아니었다. 언제 우리가 다시 만나게 될지 모르지만 그는 나를 위해서, 나는 그를 위해서 하나님께서 서로에게 예비하신 귀한 선물이었다.

"너는 말씀을 전파하라 때를 얻든지 못 얻든지 항상 힘쓰라 범사에 오래 참음과 가르침으로 경책하며 경계하며 권하라"(딤후 4:2).

축구 경기와 하나님

　　　　　　　　밤늦은 시각 국가대표 축구팀의 경기를 지켜봤다. 엎치락뒤치락 하는 가운데 우리 선수가 골을 넣고 기도하는 모습이 눈에 확 들어왔다. 운동경기라면 질색을 하는 아내가 언제 일어났는지 "어, 저 선수 그리스도인가 봐!" 한마디 했다. 경기가 끝난 후 축구협회의 SNS를 살펴보니 그리스도인 선수들이 생각보다 많았다. 저마다 밝힌 출사표에서 한 선수는 "내게 능력 주시는 자 안에서 내가 모든 것을 할 수 있다"라고 했고 자신의 사인에 'God, Jesus'라고 쓴 선수도 있었다. 예전부터 그리스도인 축구선수들은 특히 성실하고 부지런하고 끈기 있기로 정평이 나 있었다. 이영표가 그랬고 이영무가 그랬고 신현호가 그랬다. 축구 선수가 90분 경기 중 공을 잡는 시간은 겨우 3분여에 불과하다고 한다. 그렇다면 나머지 87분은 공을 바라보면서 뛰어다니는 시간이다. 선수는 자신에게 주어지는 그 짧은 시간 동안 능력을 발휘해 자신의 가치를 증명해 보여야 한다. 3분, 전체 시간의 30분의 1이다.

　스포츠에서 3은 매우 중요한 숫자이다. 야구 선수는 3할 대의 타율을 기록하면 수준급으로 인정받는다. 미국 프로야구의 이치로 선수는 몇 년 전 3천 안타의 대기록을 달성했다. 140년 메이저리그 역사상 30명밖에 갖고 있지 않은 굉장한 기록이다. 그는 일본리그에서도 1300개 정도의 안타를 쳤으므로 합치면 세계 최고기록이다. 꿈의 대기록을 세우고 더그아웃에 들어오자마자 그는 얼른 검은 선글라스를 눌러썼다. 선글라스 밑으로 굵은 눈물방울이 흘러내리는 것을 중계 카메라는 놓치지 않았다. 3할 대 야구 선수가 3천 안타를 쳤다는 것은 7천 번이 넘는 범타가 있었다는 의미이다. 헛스윙도 있었을 거고 병살타도 있었을 거고 팬들의 야유도 있었을 게다. 그 7천 번의 실패가 3천이라는 숫자를 더 값어치 있게 뒷받침해줬다.

바울 사도는 운동경기와 말씀을 잘 조화시켜서 들려준다. 어쩌면 그는 자신이 육체적으로 연약했으므로 운동경기를 보면서 대리만족을 느낀 게 아닐까 싶다. 그는 "이기기를 다투는 자마다 모든 일에 절제하나니"(고전 9:25)라고 말했다. 운동선수에게 절제는 절대적으로 필요한 가치이다. 유도나 복싱, 레슬링 등 체급 경기 선수들은 몸무게 몇백 그램을 더 낮추려 치열하게 땀을 빼고 체조선수들은 날렵한 동작이 나오지 않을까 봐 거식증이 생길 정도로 처절하게 식욕과 싸움을 한다. 인간의 3대 욕구가 식욕, 수면욕, 성욕이라고 한다. 음식과 잠과 이성과 싸워 이겨내지 못하면 운동선수로서의 가치, 아니 경기자로서의 기본자세를 잃은 거나 마찬가지다. 자신과의 싸움에서 패배한 선수가 어떻게 상대를 이길 수 있겠는가? 세상의 운동 경기에서도 그럴진대 하물며 영원한 상급을 얻기 위한 경기에선 더욱 그렇다. 그러나 안타깝게도 우리의 기억

속에는 이 절제의 장애물을 통과하지 못하고 스러져간 수많은 신앙의 선배, 동료들의 이름들이 뚜렷이 남아있다. 아담과 하와에서부터 지금 이 땅의 신앙인들에 이르기까지. 절제는 성령이 주는 열매 가운데 하나다. 이는 곧 우리의 생활방식을 말한다. 육체의 정욕을 죽이면 절제라는 열매를 맺게 되고 이는 곧 하나님의 사람이라는 표식, 예수 그리스도의 흔적으로 나타나게 된다.

바울 사도는 또 "나는 달음질하기를 향방 없는 것 같이 아니하고 싸우기를 허공을 치는 것 같이 아니하며"(고전 9:26)라고 말했다. 이는 뚜렷한 목표 의식을 일컫는다. 목적지를 모르고서 어디로 가겠는가? 뚜렷한 목표가 없으면 방황하거나 게을러지거나 절제하지 못하게 된다. 그러므로 목표 의식은 절제보다 선행되어야 한다. 이치로 선수는 매년 시즌이 시작되기 전 마라톤 선수가 구간 계획을 짜듯 목표를 세운다고 했다. 다달이 다르게 설정된 그 목표는 웬만큼 해선 달성하기가 쉽지 않으므로 늘 긴장하고 최선을 다해 노력해야 한다. 그러다 보면 시즌이 끝날 즈음엔 어느새 목적지에 도착해있는 자신을 발견하게 된다고 그는 술회했다. 믿음의 사람들의 목적지는 하늘나라다. 골문을 향해 돌진하는 축구선수에게 관중석의 사람들이 눈에 들어올 리 없다. 바울 사도는 그렇게 골문을 향해 내달렸다. "나는 아직 내가 잡은 줄로 여기지 아니하고 오직 한 일 즉 뒤에 있는 것은 잊어버리고 앞에 있는 것을 잡으려고 푯대를 향하여 그리스도 예수 안에서 하나님이 위에서 부르신 부름의 상을 위하여 달려가노라"(빌 3:13~14).

선수가 매번 최상의 컨디션으로 최고의 자리에 오를 수는 없다. 누구든 실수를 피해갈 수도 없다. 결정적 순간에 헛발질을 하기도 하고 절호의 기회에 병살타를 날리기도 한다. 실수가 겁나서, 팬들의 비난이 두려워서 경기에 나가지 않는다면 선수로서 자격이 없다. 우리는 모두 대표선수다. 가정을 대표하기도 하고 교회를 대표하기도 하고 나라를 대표하기도 한다. 무엇보다 각자의 인생에서 나를 대신할 다른 선수는 없다. 언젠가 나는 아들 녀석이 무기력하고 의기소침해 있을 때 그가 바로 대표선수라는 사실을 상기시켜 주었다. "학교에 가면 넌 우리 집 대표 선수야! 엄마 아빠를 대신해서 네가 그곳에 가있는 거야! 무엇보다 너는 하나님 나라 대표선수야! 하나님이 너와 함께 하신다고 약속했잖아!"

여호수아는 하나님께서 임명하신 대표선수였다. 2백만 명이 넘는 대식구를 이끌고 미지의 세계를 향해 나아가는 그에게 하나님은 "강하고 담대하라. 두려워하지 말며 놀라지 말라"(수 1:9)라고 거듭거듭 강조하신다. 그가 누구인지를 일깨워주시고 대표선수로서의 마음가짐을 주문하신 것이다. 이제 모세의 시종이 아니라 이스라엘 백성의 새로운 대표, 나아가 하나님 나라의 대표선수가 된 그에게 이르신 그 말씀은 앞으로 탄탄대로가 펼쳐질 것이라는 뜻이 아니다. 반어적(反語的)으로 보면 이제 앞으로 "약해지고 위축되고 두려워하고 놀랄 일"들이 많을 것이라는 의미이다. 그리스도인이 가야 할 인생길은 넓은 대로가 아니다. 좁고 협착하고 가시덤불이 우거져 있다. 성경은 "단단한 음식은 장성한 자의 것"(히 5:14)이라고 했다. 믿음의 분량이 커지면 커질수록 더 단단한 음식, 더 험한 길이 기다린다. 그러므로 우리의 할 일은 뚜렷한 목표 가운데서 절제하는 가운데 자신이 대표선수라는 정체성을 늘 확인하는 것이다. 하나님께서 여호수아에게 하신 명령은 바로 지금 가나안 땅으로 행군하는 우리들에게 주신 말씀이다. 선한 싸움 다 싸우고 의의 면류관 받아 쓸 때까지 우리가 염두에 둬야 할 마음자세이다.

@제주

폭풍우의 축복

마치 하늘이 땅에 달라붙으면서 할퀴고 지나가는 듯했다. 비행기나 탱크가 바로 곁에서 굉음을 내며 곧장 목전으로 달려드는 것도 같았다. 소름 끼치는 엄청난 소음은 곧바르 머리맡으로 전해지더니 벽체마저 흔들어댔다. 이미 사방은 분간할 수 없는 암흑의 색으로 도배되어 있었다. 도망할 곳이 없다. 세상의 주권이 모두 그에게 넘어가 버린 듯했다. 도저히 눈을 멀뚱히 뜨고 있을 자신이 없어 베개 속에 얼굴을 파묻고 손을 모았다. 아무것도 할 수 없는 무기력한 인간이 할 일이라곤 그저 그분을 붙드는 것 밖에. 그렇게 밤을 새우며 뱃속 가득 켜켜이 쌓인 죄를 신물 나도록 토하고 또 토해냈다. 난생처음 맛본 태풍의 위력 앞에서 나는 그렇게 몸서리치며 한없이 왜소해졌다.

여명이 밝아오면서 태풍은 마치 귀신처럼 어둠과 함께 잽싸게 사라져버렸다. 희뿌연 창 너머로 엄청난 잔해들이 뜰에 나뒹굴고 있었다. 마치 전쟁터나 쓰레기장 같았다. 마을 안길은 쓰러진 나무와 무너진 돌담들로 인해 통행할 수 없게 됐고 큰길에는 휴지처럼 구겨진 공사장 컨테이너들이 나뒹굴고 있었다. 전기, 전화, 인터넷, 휴대전화까지 불통이라 문명과 단절된 속에서 종일 '광란'의 뒤치다꺼리를 했다. 저녁이 되어서야 비로소 뉴스를 통해 더 처참한 현장들을 확인할 수 있었다. 기자는 이번 태풍이 각종 새로운 기록들을 세웠으며 기후변화로 더욱더 거센 태풍이 올 수도 있다고 목청을 높였다. 과학으로 안 되는 일이 없다더니, 인공으로 비도 만들고 태풍을 약하게 하거나 진로를 변경할 수도 있다더니. 정말 태풍은 피할 수 없는 걸까? 하나님은 왜 이런 달갑지 않은 선물을 주시는 걸까?

수년 전 미국 서부 오리건 주 해역에서 수만 마리의 물고기 떼가 죽은 채 떠올랐다. 이 현상은 곧바로 위쪽 워싱턴 주는 물론 캐나다 밴쿠버 섬 일대에까지 광활하게 펼쳐나갔다. 급기야는 물고기뿐만 아니라 게, 새우 등 갑각류마저 죽어서 떠올랐다. 해양생물학자들의 조사 결과 수중 산소가 부족한 이른바 데드존dead zone 때문이라는 사실이 밝혀졌다. 왜 멀쩡하던 바다에 갑자기 산소가 부족하게 됐을까? 원인은 플랑크톤 때문이었다. 물고기들이 먹지 않은 플랑크톤이 수명을 다해 거대한 군집을 이뤄 썩으면서 주변 물속에 있는 산소를 다 흡수해버림으로써 일대의 생물들이 따라 죽게 된 것이다. 플랑크톤도 생명이므로 죽는 건 당연하다. 그러므로 바다 안팎의 물 흐름이 원활치 않으면 플랑크톤의 주검들이 쌓여 데드존이 생길 수밖에 없다. 주기적으로 폭풍이 일어나 바다의 밑바닥을 한바탕 뒤집어줘야 한다. 이 과정에서 바다에 있는 각종 쓰레기나 생물체의 주검 등 두껍게 층을 이루고 있는 것들이 흩어지게 되고 산소가 다량 입수되어 깨끗하게 정화되는 것이다. 사실 재해의 대명사처럼 불리지만 태풍은 이렇게 유익한 일도 한다. 뜨거운 적도 근처에 쌓인 대기 에너지를 고위도 지역으로 보냄으로써 지구의 온도를 조절하기도 하고, 다량의 수증기를 내보내 육지에 필요한 수분의 70%를 공급하기도 한다. 물은 생명의 원천이다. 하나님은 인간들을 위해 이런 자연현상을 만들어 놓으신 거다.

성경 속에 등장하는 폭풍우의 주체는 늘 하나님이시다. 대부분은 악인에 대한 심판의 의미가 강하다. "보라 여호와의 노여움이 일어나 폭풍과 회오리바람처럼 악인의 머리를 칠 것이라"(렘 23:19). "나 주 여호와가 말하노라 내가 분노하여 폭풍을 퍼붓고 내가 진노하여 폭우를 내리고 분노하여 큰 우박 덩어리로 무너뜨리리라"(겔 13:13). "만군의 여호와께서 우레와 지진과 큰 소리와 회오리바람과 폭풍과 맹렬한 불꽃으로 그들을 징벌하실 것인즉"(사 29:6). 공의로우신 하나님은 악을 그냥 보아넘기지 아니하시고 폭풍으로 심판하신다. 그런데 이는 역설적으로 하나님의 자비로우심 때문이기도 하다. 하나님은 폭풍우 가운데서 욥에게 말씀하셨다(욥 38:1, 40:6). 그분은 "혹은 징계를 위하여 혹은 땅을 위하여 혹은 긍휼을 위하여"(욥 37:13) 폭풍이 일게 하신다고 했다. 나 또한 태풍의 그 소름 끼치는 위력 앞에서 찌꺼기처럼 남아있던 죄를 기억하고 꾸역꾸역 토악질해 냄으로써 내 믿음의 현주소를 살피고 확인했다. 그건 "나를 숨은 허물에서 벗어나게"(시 19:12) 하시려는 하나님의 자비였다. 그건 바로 하나님이 알려주고 싶으셨던 깨우침이었고, 그건 하나님이 긍휼하시므로 하신 일이었다.

우리의 인생 가운데도 때때로 전혀 예측치 못했던 폭풍우가 몰아친다. 당장은 괴롭고 고통스럽고 아프고 원망스럽다. 그런데 그 하나님의 손길이 닿게 되면 인생이 달라진다. 낮아지고 겸손해지고 타인에 대한 이해의 폭이 넓어지기도 한다. 탈선했던 기차가 제자리를 찾듯 돌아와 다시 푯대를 향하여 달리게 된다. "고난 당하기 전에는 내가 그릇 행하였더니 이제는 주의 말씀을 지키나이다"(시 119:67). 그래서 폭풍우는 축복이요 기쁨이다. 미셸P. Michelle이라는 신학자는 "하나님이 우리를 축복하지 않으시려면 어떠한 고난도 허락하지 아니하신다."라고 말했다.

내게도 그 폭풍우의 아픈 기억이 있다. 대학 새내기 때 갑자기 어머니의 죽음을 맞았다. 열아홉 나이에 감당하기가 쉽지 않은 충격이었다. 이해하기도 힘들었다. 어떻게 부활절 새벽예배를 마치고 돌아오던 분을 그리 매몰차게 내칠 수 있단 말인가? 생사화복을 주장하신다는 분이 신실한 믿음을 가진 일꾼에게 복을 더해주진 못할망정 세상 끝자락으로 밀어뜨려 버리셨다는 말인가? 울고불고 따지고 떼쓰며 매달리던 내게 하나님은 모른 척 아무런 답변도 하지 않으셨다. 분풀이하듯 나도 당장 그분을 차 내버렸다. 무능력한 내가 할 수 있는 일은 그것밖에 없었다. 당신을 그리 사랑하며 따르던 내 어머니를 빼앗아갔으니 더는 그런 매몰찬 분을 주인으로 섬길 이유가 없었다. 모든 종교는 다 나약하고 어리석고 미개한 인간들이 스스로 '만든 신'을 섬기는 것일 뿐이라고 스스로 선언했다. 그분에게 작별을 고하고 나니 비로소 오랫동안 묶여있던 목끈으로부터 풀려난 듯 자유로워졌다.

그런데, 참으로 이상한 일이었다. 그동안 뺀질거리며 교회도 잘 나오지 않던 나머지 4형제는 어머니의 죽음과 더불어 제 발로 주님을 찾아갔다. 이해가 안 됐다. 어떻게 어머니를 데려가신 분을. 그러나, 정말로 알 수 없는 게 그분의 섭리다. 어이없게도 어느 날 보니 그토록 코웃음 치며 방황하던 나 또한 다시 주님의 옷깃을 붙들고 있었다. 돌고 돌아 꼭 10년 만이었다. 마치 자석이 쇠붙이에 달라붙듯, 고무줄이 튕겨 나갔다 다시 돌아오듯 그렇게. 더욱더 놀라운 건 그토록 완고하시던 아버지까지 스스로 교회 문을 두드리셨다는 사실이다. 누가 권한 것도 아니었는데. 우리 형제들은 그후 선교사, 목사, 전도사로 변화됐다. 각자의 배우자에 자녀들에, 그리고 섬기는 교회 교인들까지 더하면 우리 어머니가 뿌리신 씨앗은 정말 30배 60배의 열매를 맺고 있다. 불경스런 표현일지 모르지만, 하나님은 절대 손해 보는 장사를 하지 않으셨다. 엄청나게 남기셨다.

제아무리 인간이 과학과 지식을 뽐내며 바벨탑처럼 자신을 과시해도 도저히 어찌해 볼 수 없는 게 폭풍우다. 물리적인 폭풍우, 인생길에서의 폭풍우. 그 속에서 우리는 세상 가운데서 편협하고 왜곡된 나의 자리를 다시 돌아볼 수 있게 된다. 그건 dead zone처럼 썩어 죽어가는 모습이다. 그러므로 폭풍은 하나님의 긍휼이고 선물이며 필요이기도 하다. 당장은 이해할 수 없고 당장은 원망스러워도 말이다. 신명기는 이렇게 말한다. "이는 다 너를 낮추시며 너를 시험하사 마침내 복을 주려 하심이었느니라"(신 8:16). 찢으셨으나 도로 낫게 하시고 치셨으나 싸매시는 하나님의 손길 가운데서 우리 인생은 한 계단 더 위로 오르게 될 것이다.

먼지와 죄 그리고 인간

　　잠에서 깨어났는데 눈두덩이 무거웠다. 자리에 누운 채 눈을 깜박거려봤다. 뭔가 부자연스러웠다. 황급히 일어나 거울을 들여다보니 눈자위가 불그스레했다. 벌레에게 물린 기억도 없는데, 이 나이에 무슨 다래끼일 리도 없고. 날이 새길 기다리다 병원에 가봤다. 의사는 요즘 나와 같은 눈병 환자들이 많다고 했다. 원인은 미세먼지란다. 그러고 보니 요 며칠 동안 줄곧 미세먼지 주의보가 내려졌던 게 기억났다. 닦지 않은 안경을 쓴 듯 산이며 바다가 뿌옇고 흐리멍덩한 모습으로 다가왔다.

　　사실 민감 체질이 아닌 데다 무심하기 이를 데 없는 나는 미세먼지가 이러니저러니 떠들어대도 나와 상관없는 일로 여겼다. 제주도는 그나마 낫다고 생각했고, 우리 집은 특히 숲이 우거진 산 밑에 있어 공기도 좋고 피톤치드의 영향을 많이 받을 거라 여겼다. 게다가 야외활동도 많이 하지 않은 편이므로 먼지 같은 녀석들로부터는 한 발짝 비켜나 있다고 생각했다. 그러다 당했다. 미세먼지는 생각보다 가까이에 있었고 생각보다 위협적이었다. 예전에는 황사가 문제라고 했는데 전문가들은 황사는 미세먼지에 비하면 양반이라고 말한다. 황사는 그나마 이로운 측면도 있지만, 미세먼지는 당최 백해무익이라는 거다.

그러고 보니 이번 대선 후보들의 공약에도 미세먼지가 있었다. 보여주기식으로 느껴져 조금 생뚱맞다고 생각했는데 아니었다. 새 대통령이 내린 세 번째 업무지시가 미세먼지 대책인 걸 보면 그만큼 위협적이고 긴급하다는 얘기이다. 의사는 미세먼지가 눈뿐만 아니라 코나 목 등 호흡기, 심지어는 폐나 혈관 질환까지 일으킨다고 했다. 심할 경우는 치매나 뇌 질환까지도 유발한단다. 이쯤 되면 만병의 근원이다.

미세먼지는 여러 가지 복합적 성분을 가진 대기 중 부유 물질을 일컫는다. 대부분 자동차의 배기가스, 도로 주행 과정에서 발생하는 먼지에서 발생한다. 석탄을 이용한 발전소 등의 시설에서 비롯되기도 한다. 먼지 입자의 크기가 작을수록 더 위험하다고 한다. 지름 $2.5\mu m$ 이하를 특히 초미세먼지라 하는데 크기가 너무 작아 몸의 여과 장치를 통과하지 않고 바로 허파꽈리로 침투해 혈액으로 진입한다고 한다.

우리나라 미세먼지는 상당량이 중국에서 유입된다는 게 중론이다. 한때 식탁 위의 고등어가 애먼 범인으로 몰리기도 했지만, 제트기류의 흐름상 중국 쪽에서 날아오는 것이 대부분이다. 다만 과학적으로 아직 이를 확실하게 입증할 자료나 증거가 없어 가슴앓이 앓듯 할 뿐이다. 사실 중국의 대기오염은 이미 세계 최악으로 잘 알려져 있다. 얼마 전엔 중국에 사는 외국인과 기업들의 귀국 행렬이 줄을 잇는다는 보도도 있었다. 매일 마스크를 쓰지 않으면 살 수 없는 도시에서는 더는 살 수 없다는 게 이유였다. 한 서구 언론은 이를 '에어포칼립스'라고 표현했다. 공기_{air} 와 종말_{apocalypse} 의 합성어로 대기오염에 의한 지구 종말을 뜻하는 신조어다. 정말 이러다가 먼지로 인한 아마겟돈이 일어나지 않을까 싶기도 하다. 참 아이러니다. 눈에 잘 보이지도 않을 만큼 작고 생명력도 없는 미세먼지로 인해 인류가 재앙에 빠진다면.

미세먼지가 흙먼지처럼 금방 눈에 띄거나 역한 냄새라도 난다면 피하거나 대비하기가 훨씬 쉬울 것이다. 그런데 형체도 없고 냄새도 없으니 당장 눈앞에 닥친 위험은 아닌 것처럼 보인다. 그건 착각이다. 우리는 날마다 그 미세먼지를 들이마시고 가슴속에 들여놓고 눈에, 코에 집어넣는다. 〈네이처〉지 보도에 따르면 미세먼지로 인한 한 해 조기 사망자수가 345만 명, 한국과 일본에서만도 한 해 3만 명이 넘는다고 한다. 놀랍다. 인간들은 자신이 살기 위해 미세먼지를 양산하고 그로 인해 결국 스스로 죽어간다.

나는 미세먼지가 마치 죄와 같다는 생각이 들었다. 잘 보이지도 않고 드러나지도 않지만, 그로 인해 죽어가는 것, 자신을 위해 죄를 범하고 그 가운데 빠져 살다 결국은 그 때문에 죽을 수밖에 없는 게 죄의 습성과 무척 닮았다. 큰 죄만이 죄가 아니다. 일상에서 거듭되는 작은 죄들, 습관적으로 행해지는 게으름이나 잘못된 언행들도 모두 죄다. 큰 잘못이나 범죄는 눈에 띄어서 오히려 자각하고 회개하기 쉽지만, 미세먼지처럼 작은 죄 같지도 않은 죄들은 자신도 모르게 서서히 자신을 죽인다.

바울 사도는 로마서에서 '수군수군하는 것', '자랑하는 것', '시기' 등도 살인이나 악 등과 동급으로 취급하고 있다. 솔직히 이런 것들은 누구든 일상에서 별다른 죄의식 없이 쉽게 저지르는 행위이다. 죄라고 하기엔 오히려 뭔가 부족한 느낌이다. 그런데 바울은 "이 같은 일을 행하는 자는 사형에 해당한다"(롬 1:32)고 말한다. 왜 그럴까? 나는 바울 사도가 마음의 동기를 지적하는 거로 생각한다. '수군수군하는 것'은 남을 흠 잡거나 욕해서 깎아내리기 위해서이다. '자랑하는 것'은 자신을 과시하려거나 높이기 위해서이다. '시기'도 남을 깎아내리기 위함이다. 즉 이런 행동들은 스스로 교만함을 드러내거나 사랑 없음을 표하는 것이라고 볼 수 있다. 잠언서는 "눈이 높은 것과 마음이 교만한 것과 악인이 형통한 것은 다 죄"(잠 21:4)라고 지적한다. 성경이 내세우는 죄의 기준이 사뭇 광범위하고 엄격하다.

미세먼지에 둘러싸여 사는 것처럼 우리는 죄라는 환경 가운데 싸인 채 살고 있다. 비 오는 날 진창길을 걸으면서 흙탕물을 몸에 묻히지 않을 수는 없다. 문제는 이를 씻어내느냐 아니면 더러운 채로 방안이나 침상에 올라가느냐 하는 것이다. 하나님은 이스라엘 백성들에게 아예 특정한 날을 잡아주기도 하셨다. 누구나 예외가 없으니 의무적으로 다들 씻어내라는 것이다. 이날에는 아무 일도 하지 말고 스스로 괴로워하며 속죄만 하라고 하셨다. 이를 지키지 않으면 백성 중에서 끊어질 것이라고도 하셨다(레 23:27~31).

우리는 스스로가 죄 가운데 살고 있음을 늘 인지해야 한다. 이스라엘 백성들처럼 날을 정해 씻어낼 수도 있겠지만 죄의 감정을 느낄 때마다 수시로 씻어내야 한다. 원하든 원치 않든 매일매일 흙탕물 속을 걸어야 하니까 말이다. 버나드T. D. Bernard는 "죄에 대한 자각은 우리가 얼마나 하나님과 가까이에 있느냐와 비례한다."라고 했다. 회개거리가 많을수록 죄인이 아니라 오히려 그만큼 의인에 가까워지는 것이다. 회개를 자주 하는 게 부끄러운 게 아니라 회개하지 않는 게 더 부끄러운 것이다. 의인은 없나니 하나도 없으니 말이다.

요즘 초등학교나 유치원의 미술 시간에 하늘을 흰색이나 회색으로 칠하는 아이들이 많다고 한다. 아이들은 정직하다. 우리는 다 지금 그 회색빛 하늘 아래에 살고 있다. 푸른 하늘을 잃어버린 지 오래다. 일기예보를 보면 미세먼지 지수가 함께 등장한다. 매일매일 미세먼지 지수가 발표되는 것처럼 인간들의 죄의 지수도 각자의 얼굴에 나타난다면 어떨까? "저 사람은 죄 지수가 100이나 되는군, 이 사람은 10밖에 안되므로 믿을만한 사람 같아!" 정치인들을 청문회에 내세우고 닦달할 필요도 없고 부패한 공무원들이나 기업가를 조사할 필요도 없을 것이다. 범인을 재판할 필요도 없을 거다. 얼굴에 다 나타나니까. 아, 그런데. 교회 안에서 제대로 낯을 들고 다닐만한 사람은 도대체 몇이나 될까?

성경은 우리를 먼지라고 말한다. "이는 그가 우리의 체질을 아시며 우리가 단지 먼지뿐임을 기억하심이로다"(시 103:14) 하나님은 우리를 만드실 때 땅의 흙으로 만드셨다(창 2:7). '땅의 흙'은 dust다. 즉 인간은 먼지로 만들어지고 그 숨결에 하나님의 기운, 즉 생기를 가진 유기체다.

먼지로 만들어진 우리는 평생 먼지를 만들어내며 먼지 속에서 뒹굴다
마침내 먼지가 된다.

@제주

슬기로운 감빵생활

아내가 드라마를 보고 있었다. TV에 곧 구멍이라도 뚫어버릴 것 같은 기세였다. 혼자 염화시중의 미소를 짓다가, 심각하다가… "뭔데 그리 재미있어?" 슬그머니 곁에 다가가 지켜보니 철창 안에 갇힌 죄수들 얘기였다. 하다 하다 이제 감옥 얘기까지 드라마로 만드나? 칙칙하고 음침하고 현실감이 떨어져 싫었다. "뭐 저런 걸 다 봐?" 하다가, 곁에서 그만 빠져들고 말았다(나쁜 마누라 같으니라구).

드라마는 1주일에 두 번씩 연작으로 이어졌다. 관객의 길로 나를 인도한 아내는 동지로서의 기쁨을 공유하려는 듯 드라마 시간만 되면 나를 자꾸 불러댔다. 마치 하와처럼. 어쩌다 놓치기라도 하면 부지런히 채널을 돌려 기어이 재방송을 찾아냈다. 드라마는 참 재미있었다. 이래서 사람들이 드라마를 보는구나 절로 느껴졌다. 사실 나는 영화나 드라마를 거의 안 본다. 가상과 허구의 세계, 비현실적이고 어떤 때는 말도 안 되는 억지를 부리며 스토리를 짜깁기하는 것 같아 알레르기 반응을 일으킬 정도로 싫어한다. 시간 낭비 같다. 특히 영화 한 편을 보고 나오면 신기루를 본 듯 현실과의 괴리감에서 생기는 그 허허로움이 너무 싫었다. 아마도 내가 최근 10년 내 본 영화는 손가락으로 꼽을 수 있을 정도일 게다.

그렇다고 내가 로빈슨 크루소처럼 문화생활과 동떨어진 환경에서 지내온 것도 아니다. 어릴 적 내 외삼촌은 당시 잘 나가는 영화감독이어서 우리 집에까지 배우들의 흔적이 이어졌다. 그래서 자연히 관심도 많아 한때는 영화에 빠져 살았다. 언론사 생활을 하는 동안엔 문화부를 맡기도 했다. 문화 전반을 아울러야 했으므로 단순히 문화를 즐기는 정도가 아니라 푹 파묻혀 지낼 수밖에 없는 환경이었다. 영화 관련 프로그램도 만들고 연예 오락을 비롯한 문화계 뉴스를 매일 만지작거리면서 나름 다른 이들보다 더 문화적 식견을 갖췄다 자부하기도 했다. 하지만 어디까지나 일일 뿐이었다. 남들은 다 내가 문화를 누리며 사는 줄 알고 부러워했지만 정작 내겐 '일'이 되다 보니 사생활 영역에서는 철저히 관심 밖이었다. 매일 쏟아지는 영화 초대권이며 많은 티켓은 모두 후배나 지인에게 넘겨줬고 영화 관계자나 배우들이 와도 그저 목 인사나 나누는 정도로 그쳤다. 피할 수 없으면 즐기라 했는데 지금 생각해보니 참 바보같이 살았다.

아내를, 아니 그토록 무심한 나를 사로잡은 건 '슬기로운 감빵생활'이라는 드라마였다(감빵이라는 경음화된 단어가 주는 어감부터가 예사롭지 않아 재미있다. '슬기로운' 사람들 같으니라고). 드라마는 프로야구 최고의 투수가 갑자기 죄를 짓고 감옥에 갇히고 그를 중심으로 감옥과 주변에서 일어나는 사건들과 군상들의 모습을 그리고 있었다. 선일 시청자인 아내는 드라마는 드라마일 뿐이니 그냥 재미로 보라고 몇 번이나 곁에서 경고했지만 그들의 스토리는 내게 뭔가 다른 개념으로 다가왔다. 그건 우리 인간들이 모두 거대한 감옥에 갇혀 살고 있다는 관점이었다.

인간은 모두 죽는다. 또한, 인간은 모두 죄인이다. 그러므로 모든 인간은 태어나는 순간부터 다 사형수 신분이다. 태어난 곳이 감옥이므로 눈에 보이는 감옥 안이 곧 세상 전부라고 생각하며 살다 죽는다. 모든 걸 그 좁은 감옥 세계의 기준으로만 계산하고 판단하며 산다. 어떻게 하면 그 안에서 더 편할까, 어떻게 하면 더 잠깐의 희락이나 욕망을 누릴 수 있을까. 그런 시각만으로 세상을 바라보고 그 사회 속에서 치고받고 싸우고 시기하고 잘난 척하고 부러워한다. 죄수들에게는 특별한 혜택이 있다. 특별사면이다. 하지만 정작 이를 아는 이는 드물다. 당장 눈앞에 보이는 감옥생활에만 열중하다 보니 관심도 없고 방법도 잘 모른다. 그렇게 살다 마침내 형장으로 간다. "너희가 너희 죄 가운데서 죽으리라"(요 8:24).

용케 특별사면이라는 제도를 알고 그 혜택을 받기 위해 애쓰는 이들도 있다. 그들은 다른 죄수들처럼 좁은 감옥에서 더 잘 먹고 편히 지내는 것에 대해서는 별 관심이 없다. 대신 특별사면이라는 희망을 붙들고 산다. 출옥해서 영원한 자유를 누리겠다는 소망을 품고 있으므로 일상에서의 초점 또한 그 일에만 맞춰져 있다. 사면받을 걸 생각하니 비록 감옥생활이지만 기쁘다. 마음은 이미 좁고 어두운 감옥의 담장을 넘어 자유로운 세상을 나비처럼 너울너울 춤추고 다닌다. 즉 갇힌 자이면서도 갇히지 않는 자이다. 이미 그들은 자유로운 자다. "진리를 알지니 진리가 너희를 자유롭게 하리라"(요 8:32).

특별사면자 리스트에 오른 사람들 처지에선 다른 죄수들이 불쌍하고 답답하기만 하다. 아무 소망도 없이 마치 짐승처럼 당장 눈앞에 보이는 편리와 이익만을 추구하며 옥신각신하다 불나방처럼 이슬로 사라져가는 인생들이 안타깝다. 그래서 그들에게 감옥에서도 자유와 기쁨을 누릴 방법, 영원히 죽음에 이르지 않는 특별사면의 길을 알려준다. 이렇게. "사람이 내 말을 지키면 영원히 죽음을 보지 아니하리라"(요 8:51). 그건 참말이다. 사형수 신분에서 벗어날 수 있는 유일한 길이다. 그런데도 사람들은 그 말을 곧이들으려 하지 않는다. "진리를 말하므로 너희가 나를 믿지 아니하는도다"(요 8:45).

오히려 그 길을 가르쳐주는 이들을 욕하고 비웃고 매도한다. 특별사면 제도가 받기 힘들거나 까다로워서가 아니다. 누구에게나 열려있는 문이다. 자신이 태어날 때부터 사형수로 감옥에 갇힌 신세임을 깨닫고 스스로 죄인임을 고백하기만 하면 된다. 그러면 곧바로 죄를 용서받고 사형수 신분에서 벗어나게 된다. "그러므로 너희가 회개하고 돌이켜 너희 죄 없이 함을 받으라 이같이 하면 새롭게 되는 날이 주 앞으로부터 이를 것이요"(행 3:19).

참으로 쉽다. 사면으로 얻게 되는 엄청난 혜택에 비해 지켜야 할 규칙은 전혀 힘들지도 까다롭지도 않다. 아이러니하게도 그래서 사람들은 오히려 믿지 않는다. 그처럼 엄청난 혜택을 받으려면 그에 상응하는 투자가 있어야만 한다고 여긴다. "그들의 눈을 멀게 하시고 그들의 마음을 완고하게 하셨으니"(요 12:40).

특별사면을 믿고 그 기준을 따르는 이들이라고 앞날이 보장되는 것도 아니다. 근묵자흑, 그들 또한 죄수 신분이므로 좁은 감옥에서 죄수들과 매일 어울리다 보니 곧 사면될 신분임을 망각하고 죄인들의 삶에 동화되기 십상이다. 그들과 똑같이 다투고 당장 감옥생활을 조금이라도 더 편하게 해보려 기준에 위배되는 행동도 한다. 잘못을 저지르면서도 겉으로는 아닌 척하기도 한다. 하지만 숨길 수 없다. 감옥에는 CCTV가 있어 모든 행동이 다 기록되기 때문이다. 최종 사면 여부는 결정권자가 그걸 보고 판단할 것이다. 그러므로 스스로가 특별 사면자입네 하고 안심해도 정작 그렇게 될지는 미지수다. "이와 같이 나중 된 자로서 먼저 되고 먼저 된 자로서 나중 되리라"(마 20:16).

루터는 모든 성도는 다 "죄인이며 동시에 의인"이라 했다. 우리의 현재 신분을 함축적으로 잘 표현한 말이다. 모든 그리스도인은 법적으로는 사면 대상자이지만 실제는 죄수의 신분이다. 이 모순된 삶의 상태로 인해 둘 사이의 갈등은 항상 불가피하다. 그러므로 우리는 평생 그 실존의 역설 가운데 몸부림치며 살다가 심판대 앞으로 가게 된다. 그렇다면, 무엇보다 중요한 것은 최종 평가의 기준이 되는 '지금'이다. 문제는 "지금, 이 순간 내가 어떻게 사는가?"이다.

알베르 카뮈는 그의 작품 이방인에서 주인공 뫼르소를 통해 사형수의 심정을 그린다. 뫼르소는 다른 사람의 죽음에 대해서는 무덤덤하지만 자기 죽음 앞에서 삶의 중요한 가치를 깨닫는다. 즉을 운명이므로 지금 삶이 의미 없는 게 아니라 역설적으로 오히려 죽음에 의해 생이 유한하므로 현재의 삶 자체가 귀중하다는 걸 느끼며 기뻐한다. 신영복 교수 또한 비슷한 언급을 했다. 그는 자신이 사형수로 독방에 갇혀있을 때 자살하지 않은 이유는 햇볕 때문이라고 했다. 그는 감옥 창문으로 스며드는 신문지 크기의 햇볕만으로도 자신의 생에 감사와 기쁨의 의미를 부여했다.

죽음 앞에서 가장 귀한 가치를 발견한 뫼르소와 신영복은 똑같은 사형수 신분인 우리에게 삶의 기준을 제시하고 있다. 사면 대상자라고 뻐기고 까불대는 것이 아니라 주어진 유한한 시간 앞에서 지금 감사함으로 기쁘고 겸손하게 살아가는 것이다. 참 그리스도인이라면 미래의 소망을 가진 자들로 현재의 삶에서 자신의 가치를 드러내야 한다. 감사와 기쁨과 겸손, 지금 살아있는 동안 우리가 이뤄내야 할 가장 중요한 덕목이다. 그것이야말로 갇혀있으면서도 갇히지 않은 자로 누리게 되는 진정한 자유이며 '슬기로운 감빵생활'일 것이다. "항상 기뻐하라 쉬지 말고 기도하라 범사에 감사하라 이것이 그리스도 예수 안에서 너희를 향하신 하나님의 뜻이니라"(살전 5:16~18).

빨간 성경책

　호텔 로비의 카페 구석 자리에서 나는 한 노인과 마주하고 앉아있었다. 옅은 안개가 감싸고도는 창밖 공원길엔 어슬렁거리며 산책을 즐기는 이들이 날갯짓하는 새들과 더불어 희붐하게 모노톤의 그림을 그려내고 있었다. 멀리로는 흰 눈을 살짝 얹어 쓴 톈산산맥의 각진 봉우리들이 병풍처럼 자락을 길게 내리 펼치고 있었고, 능선이 멈춰 선 곳엔 속살을 드러낸 키 큰 자작나무들이 바람결에 흔들리는 햇살을 손끝으로 만지작거리고 있었다. 북국의 늦가을이라고 느껴지지 않는 온화함과 따스함, 평온의 기운이 잔잔히 흐르는 이른 아침이었다. 머리 뒤쪽 빼꼼히 열린 창문을 통해서 상큼한 흙냄새와 함께 새들의 지저귐이 스멀스멀 기어들어 왔다. 소리와 냄새, 사물들의 움직임이 한꺼번에 몰려와 이제 막 잠에서 깨어난 더듬이 같은 나의 감각기관들을 살살 자극했다. 이른 시각이어서인지 실내엔 다른 그림자가 없었다. 마치 시간이 멈춘 듯 음음적막한 그림 같은 풍경을 배경으로 탁상 너머 노인은 한동안 내 눈을 뚫어지라 쳐다봤다. 광대뼈가 드러나도록 굵게 팬 얼굴엔 흰 터럭이 섞인 나룻이 성깃성깃 드러나 보였다.

　"정말 서울서 온 거이 맞습네까?"

목에 가래 자락이라도 걸린 듯 답답하고 쉰 음성이었다. 그러나 침묵을 깬 쉰 소리는 더 이어지지 않았다. 대신 자신이 건진 질문을 스스로 확인하려는 듯 가늘고 길게 찢어진 조그만 눈을 위아래로 번뜩이며 분주히 나를 살폈다. 마치 범죄자를 훑는 듯한 형사의 눈길처럼 별로 기분 좋지 않은 눈빛이었다. 동포들이 일상적으로 쓰는 남조선이라는 단어를 안 쓰고 '서울'이라는 지명을 꼭 집어서 얘기하는 게 왠지 낯설고 이상스럽게 느껴졌다. 순간, 섬뜩한 느낌이 들었다. 단구에 겨우 거동이나 할까 싶을 정도로 왜소한 노인네지만 꿰뚫어 보는 강렬한 시선이 사람을 오그라뜨리는 힘이 있었다. 1989년 11월, 여기는 소련. "저 자는 KGB일 수도, 북한의 첩자일 수도 있다." 정신을 차리려 애써 심호흡을 거듭했다. 창을 타고 넘어온 흙냄새가 폐부 밑까지 쏘옥 들어와 내려앉았다. 일순 등골이 서늘해졌다.

철의 장막이라는 이름으로 세계의 한 축을 쥐고 흔들던 거대한 북극곰이 이제 막 페레스트로이카의 기치를 내걸고 긴 동면에서 깨어나 꿈틀거리던 무렵이었다. 나는 그 변혁의 현장을 살피고 알리려 '남한 사람'으론 처음으로 시베리아 횡단 열차를 타고 모스크바를 거쳐 두 달이 넘게 긴 여행을 하던 참이었다. 그러다 도착한 중앙아시아, 우리 핏줄들의 한과 눈물이 서린 그 서글픈 땅은 나의 긴 취재 여행을 마무리 짓는 종착역이었다. 그곳에 도착한 바로 다음 날 이른 아침, 나는 요란하게 울린 전화벨 소리에 눈을 비비고 일어나 수화기 너머에서 찾는 누군가를 만나러 로비에 내려온 것이다. 내가 이곳에 묵고 있음을 아는 이는 간밤에 만난 알마아타 대학 학장과 동포들 서넛밖에 없다. 그런데 이 사람은 대체 누구란 말인가?

얼마나 지났을까. 마침내 나름의 확인 과정을 마쳤음인지 노인의 낮고 쉰 목소리가 다시 들려왔다. 실내엔 아무런 움직임도 없었지만, 그는 습관처럼 자꾸 주위를 흘끗흘끗했다. 그의 음성은 너무도 작고 갈라져서 나는 허리를 굽히거나 귀를 그쪽으로 연신 쫑긋거리며 온 신경을 곤두세워야 했다. 나의 그러한 불편함에는 아랑곳하지 않고 노인의 작고 주름진 얇은 입술은 속사포처럼 마구 움직였다. 마치 이 순간을 기다렸다는 듯, 아니 내 앞에서 자신의 속을 바닥까지 다 까발려 보여주리라 작정한 듯했다.

서울 출신, 경기고 졸업, 경성제대 중퇴. 그는 당대 최고의 엘리트요, 신교육을 받은 꿈 많은 젊은이였다. 대학을 다니며 의식이 싹틀수록 그는 식민지 2등 국민으로서의 한계를 느끼게 되었다. "도대체 대학은 졸업해서 뭘 한단 말인가." 울분을 삭이던 팔팔한 스무 살 청년은 몇몇 친구들과 함께 연해주로 옮겨가 독립운동에 뛰어들었다. 그곳에서 막스 레닌주의 이론을 제대로 접하게 됐고 심취해 만민평등의 유트피아를 꿈꿨다. 젊음의 꽃은 전쟁터에서도 피어난다더니 독립군을 돕던 한 농부의 딸과 눈이 맞아 가정도 꾸렸다. 풍요하진 않았지만 그렇게 가정이 있어 따뜻했고 나라의 독립, 대의를 위해 일한다는 보람도 느껴져 참으로 행복한 나날이었다. 그런데 어느 날 밤, 갑자기 소련군들이 마을에 들이닥쳤다. 다짜고짜 당장 짐을 꾸리라는 명령을 내렸다. 막무가내였다. 사태가 심상치 않아 보여 도망가고 싶었지만 배부른 아내는 거동마저 불편했다. 대충 옷가지에 밥그릇 등 기본 살림 도구만을 챙겼다. 그리고 신새벽 윽박지르는 군인들의 총구에 밀려 어둠 속에서 열차에 올라탔다. 어디에 그리 많은 조선인이 살고 있었는지, 몸 둘 곳이 없어 열차 위까지 기어올라 탄 이들은 불안한 눈빛들을 서로 주고받았다. 웅성거림 속에 누군가가 멀리 중앙아시아 쪽으로 간다는 얘길 들었다고 했다. 도대체 거기는 또 어디란 말인가. 얼마나 오래 걸릴 것인가. 마침 계절은 막 눈발이 날리기 시작하면서 길고 긴 동토의 겨울을 예고하고 있었다. 객차도 아닌 화물칸에 짐짝 밀어 넣듯 구겨 넣어진 사람들이며 살림 꾸러미, 심지어는 닭이나 오리 같은 동물들까지 더해 운신은커녕 숨쉬기조차 힘들었다. 어린아이들은 여기저기서 울어대고 대소변 지린내는 사방에서 코를 찌르는, 그야말로 생지옥이었다. 그나마 그런 실내공간이라도 얻은 사람은 행복한 편이었다. 지붕 위에 올라간 사람들은 쏟아지는 북국의 거센 바람과 눈비를 온몸으로 고스란히 맞아 낼 수밖에 없었다. 그렇게 열흘이 지나고 보름이 지나고. 수많은 사람이 콜록거리며 병으로 죽어가고, 배가 고파 죽어가고, 추워서 떨다 죽어가고, 졸다 떨어져서 죽어 나갔다. 남은 자들의 일과는 날마다 그 주검들을 눈 덮인 시베리아 벌판으로 내던지는 것이었다. 눈물마저 얼어붙은 건지, 감정이 무뎌져 버렸는지 비좁은 기차 칸에서는 더는 울음소리조차도 흘러나오지 않았다. 오히려 죽음의 화살이 자신을 비켜 나갔다는 사실에 스스로 안도할 뿐이었다. 죽음 앞에서 인간들은 철저하고 냉정하게 이기적으로 적응해 나갔다.

　마침내 어느 날 밤, 열차는 끝도 없이 펼쳐진 광활한 벌판에 멈춰 서더니 황량한 땅에 쓰레기를 쏟아붓듯 그들을 내던져 버렸다. 아무것도 보이지 않은 어둠 속에서 추위를 피할 공간을 마련하기 위해 맨손으로 꽁꽁 언 땅을 팠다. 나뭇잎을 덮고 그 흙구덩이 속에서 밤을 보냈다. 그렇게 카자흐스탄 생활이 시작됐다. 사방팔방을 돌아봐도 사람 흔적도 없는 곳에서 얼음을 녹여 물을 마셨고, 풀뿌리를 끓여 먹으며 나뭇가지들을 주워 모아 얼기설기 집을 지었다. 말이 집이지 흙구덩이를 파고 위에 나뭇가지들을 엮어 올려 눈비만 겨우 피할 수 있게 한 움막보다 못한 곳이었다. 두더지 굴 같은 그 속에서 아내는 딸을 낳았다. 그러나 기쁨도 잠시, 맑은 눈망울을 가진 딸아이는 두 달도 채 안 돼 가쁜 숨을 몇 번 들이키다 눈을 감아버렸다. 비극은 한꺼번에 몰려왔다. 설상가상으로 곧 아내마저 시름시름 하다 아이를 따라 가버렸다. 끔찍하고 몸서리쳐지는 그해 겨울 그는 그렇게 한꺼번에 두 주검을 한 길 눈 속을 파헤치고 꽁꽁 언 땅에 묻어야 했다.

　그 와중에도 살아남은 자에게는 세월이 흘러갔고 낯선 땅에서의 생활도 어느 정도 자리를 잡아갈 무렵, 드디어 조국의 광복 소식이 들렸다. 앞뒤를 잴 필요도 없었다. 저주받은 동토에서 한시라도 빨리 떠나야 한다는 마음으로 다 팽개치고 내빼듯 고국에 돌아왔다. 해방된 조국 평양에서는 한때 한솥밥을 먹던 빨치산 동지들이 그를 반겨줬다. 당시 보기 드물게 대학을 다니고 러시아어까지 능했던 그는 당 간부로 새로운 인생의 전기를 맞게 됐다. 해방된 조국과 함께 마침내 그의 인생에도 화창한 봄날이 찾아왔다. 모든 인민이 다 잘 살기 위한 이론을 다시 세우고 그것을 실천하는 혁명가의 꿈같은 삶이 시작되었다. 보람이 컸고 그만큼 북녘땅에서 그의 지위도 점차 확실하게 자리를 잡아가는 듯했다. 그러다 어느 날 전쟁이 다시 일어났다. 마침내 미제가 차지하고 있던 38선 남쪽 고향 땅에 가볼 수 있게 됐다는 설렘으로 가슴 부풀었다. 도대체 몇 년 만에 가보는 고향이런가.

그런데 전쟁이 한창이던 그해 그는 몇몇 남한 출신 동료들과 함께 영문도 모르게 갑자기 숙청을 당했다. 게다가 꿈에도 다시 보기 싫은 그 땅 '쏘련'으로 추방까지 당했다. 어이없었다. 왜? 무엇 때문에? 자신은 공산혁명가로서 충실하게 열심히 일했을 뿐이다. 그런데 조국은 그를 믿지 못했다. 아니 배신자로 찍어 쓰레기처럼 다시 내버렸다. 동토로 다시 돌아온 그는 가슴이 터져나가는 듯했다. 미쳐버릴 것만 같았다. 한동안 무위도식하며 술로 보냈다. 얼마나 지났을까. 겨우 정신 차리고 마음을 수습하고 보니 공부를 더 해서 꼭 성공해야겠다는 오기가 생겼다. 그런데 이상했다. 매번 따라붙는 자신도 알 수 없는 꼬리표 때문에 그마저도 뜻대로 되지 않았다. 소련 정부도 뭔가 그를 꺼리는 것 같았다.

살아 숨 쉬고 있었으므로 어떻게든 목숨은 부지해야 했다. 이 일 저 일 안 가리고 온갖 막일을 했다. 힘들었다. 그리고 외로웠다. 무엇보다 자신이 젊음을 던지면서 구하려 했던 조국으로부터 버림받았다는 사실은 두고두고 그의 가슴속 깊은 곳에 대못처럼 박혀있었다. "조국이 나를 배신했으니 나도 조국을 배신하겠다." 그는 '쏘련' 사람으로의 변신을 꾀했다. '쏘련' 여자와 살림을 차리고 파란 눈을 가진 '쏘련제' 아들을 낳았다. 하지만 자신의 모습은 여전히 '조선사람'도 '쏘련사람'도 아니었다. 스스로가 싫어졌다.

동토에 정을 붙이고 살아가려고 하면 할수록 그의 뇌리엔 이제 다시 갈 수 없는 고향의 모습이 더욱 선명하게 그려졌다. 가을이면 신작로에 나뒹굴던 은행잎들이며 개나리가 어우러진 종로통, 어린 시절 뛰어놀던 동숭동 골목길, 저녁 무렵이면 굴뚝에서 모락모락 연기가 피어오르던 혜화동 언덕길 모습들이 뼛속까지 사무치게 그리웠다(그의 실눈은 이 대목에서 돌연 그 장면들을 그리는 듯 더욱더 가늘어지고 선량하게 끝이 처져 내려갔다. 아까의 모습과는 완전히 달라져 있었다). 이대로 살 순 없다는 결심을 했다. 고향에 돌아갈 처지가 안 된다면 고향의 얼굴들이라도 보면서 그들과 부대끼면서 살고 싶었다. 그래서 다시 조선 사람들이 쫓겨나 모여 사는 알마아타행 열차를 탔다. 그의 첫 아내와 얼굴도 가물가물한 딸아이가 묻혀있는 곳. 어려움 가운데 함께 밭을 일구며 그를 돌봐주던 이웃이 있던 곳. 환갑이 다 돼 다시 돌아온 그 땅에서 아쉽지만, 비로소 고향의 냄새나마 맡게 됐다. 참으로 살가운 삶이었다.

그러나 하나를 얻으면 또 하나를 잃는 게 인생이라 했던가? 그의 소련인 아내는 그렇지 못했다. 이등 국민이나 사는 흙먼지 피어오르는 꾀죄죄한 시골구석에서 더는 못 살겠다며 투덜거리던 아내는 어느 날 아들을 데리고 훌쩍 모스크바로 떠나 버렸다. 다시 혼자가 됐다. 조국에 차이고, 사람에 차이고, 이데올로기에 차이고, 사랑하는 가족에게마저 차이고. 낙이 없어졌고 소망이 없어졌다. 그럴수록 짧지만 행복했던 어릴 적 고향 땅이 더 그리워졌고 다시는 갈 수 없다는 사실에 가슴은 미어졌다.

그러던 어느 날 TV 화면에 그 땅, 서울이 등장했다. 전율하지 않을 수 없었다. "저게, 정녕 내 고향 서울이란 말인가?" 입이 다물어지지 않았다. 도저히 믿어지지 않았다. 서울 올림픽은 그렇게 그를 다시 아스라한 고향의 기억 속으로 자꾸 밀어 넣었다. 그런데 화면 속 서울은 자신의 기억 속 모습이 아니었다. 놀랍고 감탄스러워 입을 다물 수 없었다. 높은 빌딩과 수많은 차량, 그리고 화려한 옷차림의 밝은 얼굴들. 도대체 뭐가 뭔지 정신을 차릴 수 없었다. "저거이 서울이라고? 아니야 저건 미국이나 구라파야." 하지만 거리를 지나는 사람들은 분명 자신의 모습과 같은 낯익은 얼굴들이었다. 소련 땅에서 이방인의 삶으로 찌든 카레이스키, 그는 비로소 화면 속에서 자신의 얼굴을 찾았다. 올림픽이 열리는 내내 그는 조그만 흑백 TV 앞에 붙어살았다. 혼자서 연신 눈을 비비며 눈물을 흘리며 감격했다. 방송이 끝나면 곧장 거리로 나와 이웃들에게 "내가 유즈노 카레이스키야. 너희들 TV 봤지?" 자랑스럽게 외치며 자신의 정체를 과시했다. 동포들과 함께 어울려 TV를 볼 때는 "저기가 바로 내가 살던 내 고향 서울!"이라고 말하며 기뻐했다. 기쁨과 회한이 복받쳐 올라 어린아이처럼 땅바닥에 주저앉아 그냥 대성통곡하기도 했다. 그렇게 조국은 50여 년 만에 그에게 벅찬 감격으로 다가왔다. 그리고 그 이듬해 소문을 통해서 서울에서 사람이 왔다는 소식을 들었다. 그게 바로 나였다. 이름만 들어도 가슴이 쿵쾅거리고 설레는 고향 땅 서울, 그는 꼬박 밤을 새우다 날이 밝자마자 '서울 사람'을 만나러 온 것이다.

그의 한 많고 기나긴 사연을 다 듣고 나니 난 공연스레 미안해졌다. 꼬일 대로 꼬여 버린 그의 인생에 대해 나도 일말의 책임을 느껴야 할 것처럼 이상한 죄책감마저 들었다. 서울, 아니 그의 조국을 대표해서 뭔가 그에게 보상을 해줘야 할 것 같았다. 복잡하고 싱숭한 마음에 죄인처럼 내내 어찌할 바를 몰랐다. 사실 간밤에 나는 이 황무지 같은 땅에서 성공신화를 쓴 동포 고려인들의 초대를 받아 저녁 식사를 하며 그들이 권하는 금딱지 최고급 보드카에다 일부러 특별히 준비한 단고기(보신탕)까지 포식했던 탓에 밤새 몹시 부대꼈다. 뱃속이 꾸르륵거려 수시로 화장실을 들락거리려야 했고 수면 부족으로 머리는 빠개질 듯 쑤셔왔다. 게다가 오랜 여행 끄트머리인지라 몸도 마음도 지칠 대로 지쳐 미로를 헤매는 듯 정신마저 몽롱한 상태였다.

그에겐 사무치는 사연이겠지만 나는 정작 파란만장한 한 인생의 풀스토리를 소화할만한 준비나 자세가 전혀 안 돼 있었다. 그의 입술이 마침내 움직임을 멈췄다. 그리고 다시 처음처럼 낯설고 어색한 침묵이 찾아왔다(소련에서는 이런 때 '경찰이 찾아왔군요'라는 표현을 한다. 대화 중의 침묵은 그들에게 그렇게 익숙한 생활방식이다). 하고 싶은 말을 다 토해냈다는 듯 노인은 주름진 얼굴에 찡그린 눈을 더해 감고 팔짱을 낀 채 푹신한 의자 깊숙이 자신을 묻어버렸다. 마치 정물처럼 주위 사물들의 그늘 속으로 그가 잠겨버렸다. 어떻게든 이 침묵을 깨야 할 것 같았다. 답사처럼 이번엔 내가 뭔가 말을 꺼내야 할 차례가 된 거 같았다.

"저. 혹시 교회 다니셨어요?" 정적을 깨고 내 입에서 튀어나온 건 너무나 뜻밖에도 뚱딴지같은 소리였다. "도대체 내가 뭔 소릴 하는 거지?" 아무 생각 없이 그냥 툭 튀어나온 첫마디에 나 자신도 놀랐고 적이 당황하지 않을 수 없었다. "지금 그런 걸 물어볼 상황이 전혀 아니지 않은가? 이런 바보 같으니."

그런데, 그런데 말이다. 말이 떨어지기가 무섭게 마치 뜨거운 것에 덴 것처럼 노인의 동공이 커다랗게 부풀어 올랐다. 동시에 몸을 일으켜 내 앞으로 곧추세우며 다시 입을 열었다. "예? 예. 어릴 적 예배당에 … 찬송도 하고, 기도도 하고, 주일학교에 다니면서." 노인의 음성이 차츰 커지며 잃어버렸던 어릴 적 자신의 또 다른 모습을 기억해낸 듯 호기심 많은 소년의 얼굴로 되살아났다. 그러더니 예의 그 메마르게 갈라지고 쉰 목소리로 중얼거림처럼 낮은 곡조를 연주하기 시작했다. "날 사랑하심, 날 사랑하심…"

충격이었다. 둔기로 머리를 한 대 세게 얻어맞은 것 같았다. 소름이 돋음과 동시에 정신이 번쩍 들었다. 갑자기 울컥 눈물이 솟구쳐 나왔다. 쿵쾅거리며 가슴이 뛰기 시작했다. 뭔가가 가슴속에서부터 마구마구 치밀어 올라왔다. 속조차 매스꺼워졌다. 이미 눈가가 서늘해지는 느낌이 왔다. 도저히 억제할 수 없었다. 자리에서 벌떡 일어났다. "잠깐만 여기서 기다려 보세요!" 내뱉고서 뒤도 안 돌아보고 단숨에 계단을 뛰어 올라갔다. 긴 낭하로 이어진 계단을 따라 허겁지겁 올라 2층에 있는 방에 들어섰다. "진정하자, 진정하자." 가슴을 가라앉히려 애쓰는 나 자신을 느낄 수 있었다. 그러면서도 한 편으론 "지금 내가 뭘 하는 거지?" 자꾸 되묻지 않을 수 없었다. 내 행동을 나 스스로도 이해할 수 없었다. 나의 자의나 의식이 아니라 뭔가 강력한 자장에 이끌려 내 몸이 움직이는 듯 했다. 한 손으론 눈자위를 훔치며 다른 손으론 방안에 내팽개쳐진 가방 위에 뒤죽박죽 흐트러진 옷가지들을 마구 밀쳐냈다. 가방 맨 구석빼기 에서 작은 주머니를 꺼냈다. 작고 딱딱한 물체가 만져졌다. 지퍼를 열자 겉가죽이 빨간 성경책이 나타났다. 아내가 여행 중 꺼내 보라고 넣어 준 신약성경만 있는 손바닥보다도 작은 성경책이다. 그러고 보니 그 긴 여 행 동안 단 한 번도 그 책장을 펼쳐 보지 않았다. 아니, 볼 생각은커녕 성 경을 갖고 있다는 사실조차 까맣게 잊고 있었다. 새삼 성경책에 미안해 졌다. 그런데 마침내 이 책이 막바지에 제 몫을 할 때가 온 거 같았다. 책 장을 한 번 휘휘 뒤집어 넘겨보고선 곧장 아래층으로 갖고 뛰어 내려갔 다. 그는 여전히 의자에 파묻혀 팔짱을 긴 채 이제 막 떠오르는 햇살이 비치는 먼 산마루를 물끄러미 바라보고 있었다. 굵게 주름지고 투박한 그의 얼굴 한쪽으로 햇살 자락이 마치 영사기 조명처럼 대각선으로 선명하게 비껴들고 있었다. 무슨 생각을 하는지 초점 없는 그의 실눈은 더 가늘어져 있었다. 햇살 때문만은 아닌 거 같았다.

"이거 받으세요."

"뭡니까?"

"성경책입니다. 제 아내가 넣어 준 건데 이제 저는 서울로 돌아가니까 선생님이 더 필요하실 것 같네요. 그런데 이거 글씨가 너무 작아서 읽기가 힘드실 거 같은데."

"아… 성경책!" 활짝 핀 얼굴로 반색을 하며 책을 받아든 노인의 주름진 손이 가늘게 떨렸다. 그 울림이 내 손끝까지 분명히 전해져왔다. "글자 작아도 일 없시오. 정말이요. 일 없시오. 읽을 수 있어요. 아! 이거 남한에서… 아하! 이거이 바로…" 노인은 당장에 읽어보려는 듯 끝이 뭉툭하고 투박한 손가락으로 책장을 한 장 두 장 펼쳐 보았다. 작고 동그란 눈이 마치 생일 선물을 받은 어린아이 마냥 기쁨으로 반짝이고 있었다. 옅은 미소를 지으며 벌어진 입은 좀체 다물어질 줄 몰랐다. 험한 삶을 살아온 그에게 일평생 저런 기쁨이 과연 몇 번이나 있었을까?

"잠깐만 줘보세요." 불현듯 뭔가가 생각나 나는 책을 다시 돌려받아

맨 뒤 페이지에 내 이름을 적었다. 그리고 그 밑에 또 뭐라고 다른 말도 적은 것 같은데 뭐라고 썼는지 지금은 잘 기억이 안 난다. 당시 나는 마냥 들떠있어서 내가 뭔 짓을 하는지조차 모르는 상태였으므로.

노인은 돌아갔다. 어린 소년의 반짝이는 눈빛으로 몇 번이고 뒤돌아보고 내게 손을 흔들며 새들이 창공을 차고 오르는 공원 아침 햇살 속으로 아장걸음을 하고 사라졌다. 가슴께에까지 추켜 올린 한 손엔 마치 보물을 움켜쥐듯 빨간 성경책을 꼭 쥐고서.

지금도 난 모르겠다. 그가 왜 나를 찾아왔는지, 무엇 때문에 찾아왔는지. 그가 내게 한 일이라곤 메마른 음성으로 그의 굴곡진 긴 인생사를 들려준 것뿐이다. 아린 생채기를 살짝 보여줬을 뿐이다. 왜 그랬을까? 혹 나를 통해 어린 시절 고향의 냄새라도, 소리라도 느껴보고 싶었던 걸까? 아니면 위로라도 받고 싶었던 걸까? 글쎄. 도무지 모르겠다. 그건 그렇고, 나는 왜 갑자기 성경책을 건네줄 생각을 했을까? 왜 느닷없이 교회 다녔느냐는 뜬금없는 질문을 던졌을까? 그것 또한 모르겠다. 꼬박 30년 전 일이다. 노인은 이후로 어떻게 됐을까. 얼마나 더 오래 사셨을까. 그때 이미 70쯤이었는데. 성경은 읽어봤을까? 혹 성경책도 자신과 함께 낯선 그 땅에 묻어달라고 하진 않았을까. 땅속에서나마 외롭지 않으려… 성경책을 누군가에게 다시 전해주지는 않았을까?

모르겠다. 아무것도. 다만 확실한 건 나는 그의 얘기를 들어줬고 그의 사연은 내게 가슴 시린 아픔으로 각인되었다는 것이다. 그리고 내가 그를 위해 해 줄 수 있는 최고의 선물은 바로 그 성경책뿐이었다는 사실이다. 어쩌면 나는 나 자신도 모르게 그가 그 빨간 성경책에서 고향 냄새를 맡길 바라고 있었는지 모른다. 그리고 어쩌면 그는 정말 그 성경책을 통해서 영원한 고향을 다시 찾게 되었을지도. 그리고 오래전 불렀던 찬송을 부르며 그곳, 본향을 향해 갔을지도. "날 사랑하심. 날 사랑하심…" 찬양을 부르며.

• 1937년 늦가을 극동지방에 살던 17만여 명의 고려인들이 시베리아 횡단 열차를 타고 중앙아시아로 강제 이주됐다. 일본과 전쟁을 하던 소련의 스탈린 정부는 고려인들을 일본의 첩자로 의심하고 세력화하는 것을 막기 위해 비윤리적이고 강압적인 이주정책을 폈다.

나는 1989년 남한 기자로는 처음으로 소련을 취재했다. 순회특파원으로 극동지방

나홋카에서부터 중앙아시아 지역에 이르기까지 연방 15개 공화국을 돌며 당시 페레스트로이카와 글라스노스트 바람이 일기 시작하던 동토를 돌아봤다.